마음의 고향을 찾아가는 여행 포구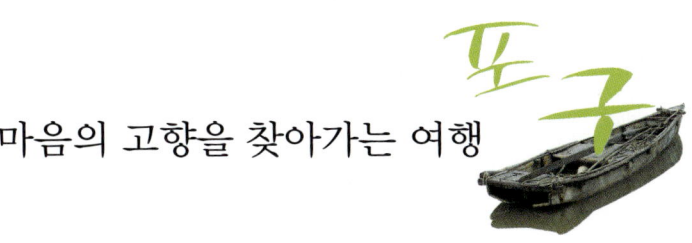

| 김인자 지음 |

가림출판사

책머리에

길에서 얻은 것들을 길에게 바치며

서럽도록 아름다운 포구다.

벌써 며칠째, 방파제에 앉아 하체가 반쯤 삭은 목선 한 척을 지켜보고 있다. 그의 일생이 얼마나 고단한 시간을 바치고서야 묵언에 든 성자처럼 저리 평화로울 수 있을까? 누구도 그가 되어보지 않고서는 단정코 그를 안다 말할 수는 없다. 그곳에 머무는 동안 나는 낡은 배 한 척에게 왜 그토록 연민을 떨칠 수 없었는지.

1년 후, 다시 갔을 때, 여전히 같은 자리에서 꼼짝도 하지 않은 배를 보았다. 반가움 반 안타까움 반, 배는 나의 관심이나 연민 따위에 아무런 반응도 보이지 않았지만 나는 무엇이 그토록 그를 평화롭게 하는 지 궁금했다. 그리고 또 다시 1년 후, 틈만 나면 방파제에 앉아 그를 지켜보았다. 만조가 되자 아직도 그를 포기하지 못한 바다가 다가와 일어나 보라고, 어서 일어나 그물을 놓으러 가자고 옆구리를 찌르는 것만 같았다. 이제 그는 혼자 힘으로는 아무것도 할 수 없음을 아는 듯, 어느 땐 바다가 추억을 건드리며 찾아오는 것을 싫어하는 눈치는 아니었다. 제 발이 묶인 지금도 잊지 않고 찾아오는 바다가 생이 끝나도 끝나지 않았음을 알게 한 것이리라.

그 포구, 등 굽은 노인이 혼자 사는 민박집에서 까마득하게 잊고 있던 가슴 벅차 오르는 시 한 편을 만났다. "삶이 그대를 속일지라도 슬퍼하거나 노하지 말라…" 노인은 평생 그 시구를 신앙처럼 안고 살아온 것은 아닐까? 푸슈킨의 노래가 그토록 절창으로 다가온 것도 처음 있는 일이었다.

상처투성이지만 눈물나게 아름다운 이 땅에서 이제 나는 여행 자체를 산보처럼 즐기는 행복한 바보가 되고 싶다. 여태껏 누린 지복을 자연에게 바칠 수 있는 유일한 기회가 될지도 모르기 때문이다. 백치 같은 평안과, 나태도, 느림도, 지독한 쓸쓸함이나 그리움도, 여행에서만이 누릴 수 있는 구속이고 자유가 아니던가.

　돌아보니 그 동안 배낭을 지고 여러 나라를 기웃거린 날들이 결코 짧지 않았음을 알겠다. 이제 비로소 먼 곳을 돌아 이 나라 삼천리 금수강산을 온몸으로 껴안으며 만나고 있다. 히말라야·바이칼·남태평양보다 더 아름다운 곳이 있다면, 동해와 서해, 그리고 제주도였다. 매번, 포구에 묶여 철학자처럼 사색에 잠긴 빈배를 보며 다음 목적지를 결정하곤 했었다. 우리의 포구는 내가 처음이자 마지막으로 짐을 풀고 싶은 피안의 다른 이름이었다. 좁은 땅이지만 숨어 있는 곳일수록 풍경은 적요하고 사람들의 인심은 눈물나게 따뜻했다.

　내게 여행이란 이름 있는 곳을 찾아가 이름 없는 것을 보는 일이다. 하늘과 물과 나무와 길을 보되 하늘과 물과 나무와 길이 아닌 것을 만나는 일이다. 산과 강가 사람을 만나되 산과 강물과 사람 아닌 것을 느끼는 일이다. 그리고 그 끝에 사무치게 기다리는 나 자신을 부둥켜안는 일이다.

　내가 좋아하는 것 두 가지를 꼽는다면, 첫째는 배낭을 꾸리는 일이고, 둘째는 돌아와 배낭을 풀고 달콤한 피로를 즐기며 글을 쓰는 일이다. 느린 산책이나 사색을 다른 말로 대신할 수 있다면 그건 포구다. 아직 가보지 못한 이 땅의 포구들이 너무 많다. 갈 길이 멀다.

2005년 2월 망포마을에서
김인자

CONTENTS
차례

6 • 책머리에

10 • **궁평리** 선창 아랑네집

20 • 추억을 부르는 비 오는 날의 **아산만**

30 • **매향리**, 상처의 흔적을 찾아서

40 • 갈대들의 축제장 **형도** 가는 길

50 • **향일암** 가는 길의 잔잔한 포구

62 • **평사리**와 **섬진강** 나루터

72 • **통일전망대**에서 걸음이 묶인 나는

84 • 사람냄새 가득한 **주문진항**

94 • **호산포구**와 은어낚시를 하던 **월천강**

106 • **탐라**, 그 아름다운 유토피아

C O N T E N T S

118 • 단항 숲 속에 참 아름다운 집

130 • 남해 노도의 이석진 씨 내외

144 • 몽산포에서 마검포로

154 • 태안 드르니나루터에서 보낸 하루

164 • 아름다운 이름 꽃지

174 • 외포리와 황청포구

184 • 강화 동막, 여차리의 일몰

194 • 석모도 하리포구

202 • 바람의 땅 변산반도

212 • 창리포구와 간월도의 밤

Section 01

햇살이 눈부신 날이면 방파제 귀퉁이에 자리를 잡고 파도에 출렁거리는 작은 섬 도리도를 바라보며 제철 만난 망둥이를 낚는 것은 어떨까.

궁평리

선창 아랑네집

사강 · 마산포 · 형도 · 어도를 지나

저녁은 낮 동안 길 위에 있던 **새들**과 **바람**조차도 모두 집으로 돌아가게 하는 **휴식의 시간**인데 나는 문득 새로운 길의 **유혹**을 떨치지 못한다. 이 물길을 따라 제부도로 건너가 거기서 바다와 **동침**하는 것은 어떨까?

浦口

여행, 하던 일들이 하찮아지고 문득 왜 사는지에 대한 답이 까마득해질 때, 피안의 다른 이름 극락정토, 적멸보궁이 생각날 때, 누구에겐지 모를 용서를 구하고 싶을 때, 목구멍에 뭔가 차 오를 때, 신(神)을 부정하고 싶을 때, 생(生)이 안개 속일 때, 치사량의 유혹에 시달릴 때, 기다림으로 생을 탕진한다고 느낄 때, 온몸을 땅에 문지르고 싶을 때, 그리고 느닷없는 그리움이 기습해 올 때.

혹여 정신이 나갔다는 소리 좀 들으면 어떤가. 떠나더라도 해질녘에 돌아오면 되고, 해질녘이 아니면 신 새벽, 방문을 열고 들어가 그 달콤한 피로감으로 죽음 같은 잠에서 깨어 그때 만나는 창 밖의 세상은 또 얼마나 아름답겠는가!

풍경, 그것조차 잊고 사는 현대인. 일상의 우리는 눈에 보이는 하나의 제한된 장소에서 나른 장소, 즉 낯선 공간으로 끊임없이 이동하고 싶어한다. 바람 부는 날이나 가을을 재촉하는 비 내리는 휴일이 오후가 아니어도 좋다. 잠시 일상을 접고 호흡의 변화를, 향수 같은 자극으로 잃었던 생활의 활력을 되찾고 싶을 때, 나는 도심을 벗어나 근교의 포구를 찾아 주저 없이 떠난다. 사당~과천~봉담간 고속화 도로를 달려 남양을 거쳐 서해안 고속도로가 교차되는 비봉 IC를 지나 염티고개를 지날 무렵 한껏 물오른 벼이삭이 길 위의 여행자를 반긴다.

가을의 선물은 역시 풍요와 더불어 조락이다. 과수원의 붉은 사과와 가지가 찢길 듯 매달려 있는 포도송이들은 먹지 않아도 만복의 기쁨을 주지만, 곧이어 질 잎새들은 절정을 지난 삶이 어떻게 자연으로 돌아가야 하는 지를 조용히 그리고 엄숙하게 깨닫도록 돕는다. 열매, 그 화려한 시절이 있기까지 얼마나 지난한 시간과 아픔이 그것에게 바쳐져야 했는지 한번쯤 생각하지 않고 가을을 맞는 사람은 없을 것이다.

그렇게 제부도를 향해 가다보면 유혹을 피하기 어려운 이정표 하나가 있는데 그곳이 바로 낙조가 아름다운 궁평리포구다. 아름다운 이름 사강을 지나면서 어도(漁島)와 형도(荊島)를 생각하지 않을 수는 없다. 구릉지대 사이로 펼쳐진 포도밭과 마산초등학교를 지나 언덕에 이르면 황량한 초원의 스텝 지형을 연상케 하는 마산포. 그러나 사강 주유소를 사이에 두고 306번 도로와 갈라지는 309번 도로를 만났을 때, 핸들이 왼쪽으로 기우는 것은 오히려 자연스러운 현상이라 하겠다. 309번 도로에 진입한다는 것은 이미 서신면의 제부도, 혹은 궁평항으로 여정이 정해짐을 뜻한다.

오늘 우중 행선지는 궁평리다. 현대의 도로망이란 분명히 지역의 문화적인 고유성을 균질화하는 데 기여하고 있다. 그것을 일러 초지역적인 교통 및 유통

궁평항에 해가 지고 있다.

조업을 나가는 어선.

의 관계망이라 한다면 지역과 지역, 마을과 마을의 상호 교류는 근접 도시를 중심으로 동일한 위계 속에서 일원화됨을 뜻할 것이다. 공간의 의미가 변화되었다는 것. 왕래와 이동을 가로막던 저항적 지역 공간으로서의 고유성은 사라지고, 도로에 의해 쉽게 접근되는 지역과 지역은 획일적인 시간대에서 초지역적으로 이어지고 만난다. 이때 지역성이란, 설령 있다고 해도 그것은 이미 고유성이 아니라 시공간적인 편차 속에 차이로만 간주될 뿐 지방색이란 어디까지나 비교 대조의 산물에 지나지 않는다.

그러나 그마저 잇고 싶다. 포도밭과 나란히 달리기를 하는 동안 용머리를 지나 해운초등학교를 거쳐 사곶리, 왕모대, 백미리 웃말 아랫말을 가로질러 당넘이 고잔을 뒤로 두고 송림을 에둘러 화옹호 방조제가 끝없이 뻗어나간 궁평리, 그곳 배머리 갑문에 닿아 선착장에 이르면 망망한 황해. 비로소 나는 달리는 차량의 속도에 편승해 잊고 지낸 지상의 느림을 온몸으로 호흡한다.

오늘처럼 비라도 내리는 날이면 선착장 오른쪽 입구 그 흔한 간판하나 내걸지 못한, 푸짐한 바지락 칼국수를 끓여내는 반벙어리 아랑네 포장마차를 들러보면 좋겠다. 머리에 수건을 쓰고 이 집 저 집 선창의 횟집으로 칼국수를 배달하기에 분주한 아랑네. 바지락 국물에 그녀의 맑은 웃음이 묻어나고 말수 적은 남편이 투박한 얼굴로 손님을 배웅하는, 천상 바다를 닮은 그들 내외를 마주하면 비에 젖은 몸도 한기를 잊는다. 아랑네! 이름만으로는 선창 포장마차, 뜨내기손님에게 시달려 조금은 세속의 때가 묻어 있을 법도 한데 젊고 곱기만 하다. 포장마차 이름이 왜 아랑네인지 궁금해하자 아랑은 딸의 이름이고 자신의 이름은 이유리라고. 그의 말꼬리를 잡고 혹 모녀의 이름이 바뀌지 않았냐고 짓궂게 물어보았으나 그냥 돌아서서 웃기만 할 뿐이다. 워낙 바쁘기도 했지만 말이 불편한 아랑네를 더 이상 귀찮게 할 수가 없어 그녀가 배달을 나간 사이 놀러왔다는 이웃 아주머니에게 사정을 물어보니 어찌어찌 하여 아랑네가 칼국수집을 하게 되었노라며 불쑥 명암 한 장을 내 손에 건네준다.

갓 잡아온 망둥이.

"궁평리선창 지혜 횟집 이순하(일명 : 옥분이)"

만조로 물에 잠기다시피 한 자신의 포장마차를 눈으로 가리키며, 다음에 오면 꼭 '지혜 횟집'에 들러달라는 당부를 하고 황망히 빗속으로 사라지는 그녀의 뒷모습에 파도가 출렁거렸다.

햇살이 눈부신 날이면 방파제 귀퉁이에 자리를 잡고 파도에 출렁거리는 작은 섬 도리도를 바라보며 제철 만난 망둥이를 낚는 것은 어떨까. 가족들과의 나들이라면 선창 끝에 줄지어 선 화로를 끼고 앉아 새우, 고동, 백합을 석쇠에 얹고 정담을 나누기 그만인 곳. 일몰까지 시간이 남았다면 궁평리해수욕장이 지척인 송림에 앉아 잠시 말을 잊어보는 것도 좋으리라. 화성사경에 속하는 궁평리 낙조, 홍색(紅色)이 모자라 검붉은 기운으로 혀를 내두르며 수면으로 기

만조가 되면 선창은 바다에 잠기는 듯 위태롭다.

우는 낙조를 마주하거든 곧은 무릎을 앞으로 굽히고 카메라 가득 자연을 담아내는 일도 좋을 일이다.

포구에 물이 빠질 때만 드러나는 샛길을 따라 서북쪽으로 몇 발자국 옮기면 거기서부터 소나무 숲과 백사장이 시작되면서 해수욕장과 횟집들이 차례대로 등장한다. 마을 가운데 회센터 간판들을 하나하나 살피며 들어갈 집을 마음으로 점찍어 보는 것도 재미라면 재미다. 오륙도 수산, 소문난 횟집, 대광 횟집, 풍안 횟집, 광성 횟집, 선창 수산, 소망 횟집, 항구 횟집, 신선 횟집, 구름 횟집…, 그리고 백사장이 펼쳐진 해수욕장과 유원지 주변에도 솔밭가로 가건물을 짓고 영업을 하는 조개구이 집이 즐비하다. 그러나 역시 내 취향은 바다 가운데 떠 있어 바람이 불고 비 쏟아지는 현장감을 그대로 느낄 수 있는 선창의 포장마차가 제격이다.

▲ 포구에 쌓아 놓은 닻.

◀ 폭우가 쏟아지는 선창 포장마차.

시간이 있어 하룻밤 그 바다에 고단한 마음을 풀고 싶다면, 여름성수기만 피하면 방에 앉아서도 바다를 볼 수 있는 민박집을 골라잡을 수도 있다. 허나 갈 때마다 제 모습을 잃은 궁평항과 화옹호, 그리고 넘쳐나는 쓰레기와 차량으로 몸살을 앓는 도로는 어찌할 것인가!

저녁은 낮 동안 길 위에 있던 새들과 바람조차도 모두 집으로 돌아가게 하는 휴식의 시간인데 나는 문득 새로운 길의 유혹을 떨치지 못한다. 이 물길을 따라 제부도로 건너가 거기서 바다와 동침하는 것은 어떨까?

T O U R   P O I N T

궁평리 포구와 해수욕장 수도권에서 멀지 않은 곳에 위치해 교통이 편리하고 위락시설, 소나무 숲, 해수욕장 등이 있어 가족 여행지로 적당한 곳이다. 궁평리포구는 서해안을 끼고 있는 해안선과 드넓은 개펄과 석양이 아름답다. 궁평리해수욕장은 만조시에는 모래사장, 간조시에는 약 2km의 개펄이 형성된다. 해수욕을 하고 난 다음 우거진 해송 숲에서 휴식을 취할 수도 있다.

화성군 서신면의 제부도 하루 두 차례ㅏ 신비의 바닷길이 열리는 곳이다. 바닷길은 그 시간이 일성지 않아 물때를 알아보고 떠나야 한다. 섬 어디서나 개펄에 나가 손쉽게 굴이나 바지락 등을 잡을 수 있고 모래사장이 있는 해수욕장에서 물놀이를 즐길 수도 있다. 제부도해수욕장 인근에는 여러 가지 놀이시설을 갖춘 비치랜드가 마련되어 있다. 바다 한가운데 떠 있는 썰물 때 걸어서 갈 수 있는 매바위에서 보는 석양이 아름답다.

대부도 안산시 단원구 대부동으로 편입되기 이전에는 옹진군 대부면에 속해 있던 큰 섬이다. 그러나 섬이라고 해도 주민들은 대부분 어업보다 농업에 종사하고 있다. 시화방조제가 완공되어 현재 대부도 주민은 방조제를 통해 안산시와 시흥시까지 불과 10여 분 만에 이를 수 있다. 대부도 바닷가에는 선창도 있고 해안선을 따라 경관 좋은 곳이 많다. 대부도 가는 길목은 섬과 섬을 잇는 색다른 드라이브를 즐길 수 있다. 해안선길이가 61km에 해당한다.

둘러보기 | 대부도, 제부도, 남양 향교, 당성, 공룡알 화석지, 입파도 등

먹거리 | 농어, 우럭, 굴, 조개구이, 꽃게, 바지락칼국수, 해물잡탕 등

놀거리 | 개펄에서 조개 잡이, 포구낚시, 바다낚시 등

가는길 | **승용차** 서해안고속도로 - 평택 방향 - 비봉 IC - 남양 - 송산 - 서신 - 궁평리
대중교통 수원역에서 490번, 330번, 999번, 400번 버스를 이용한다. 제부도는 서신에서 하차하여 마을버스를 이용한다.
마을버스는 바닷길 통행 시간에만 운행한다 (문의 : 031-357-2505).

문 의 경기관광공사 홈페이지 http://www.kto.or.kr
화성시청 홈페이지 http://www.hscity.net

Section 02

여행은 제발 금지가 없는 곳으로 가는 행위일 지도 모른다는 위로의 말을 찾지 못했다면 비 오는 날 나의 포구행은 조금 더 무거웠을 지도 모른다.

추억을 부르는 비 오는 날의 **아산만**

F M 과 새 벽 의 상 쾌 함 을 누 리 며

겉보기에 바다는 이미 빠르게 달아나고 없지만 보이지 않은 **바다**에서 물들은 은밀히 서로가 서로의 **발목**을 적시며 내통하고 있으리라. 자연은 크든 작든 곧고 바른 직선은 피하고 원만하게 휘어진 **곡선**으로 비슷하지만 각기 다른 길을 만들어 낸다. 대체 물은 **먼바다**로부터 저곳에 길이 있다는 걸 어떻게 알고 들어오고 또 나가는 것일까?

浦口

벌써 몇 번째 태풍으로 집밖의 벼들이 반쯤 바닥에 드러누워 논둑으로 산책을 나갈 때마다 마음이 편치 않았는데 또 비다. 머리맡의 창문을 토닥거리는 빗소리에 잠이 깨어 찻물을 올려놓고 시계를 보니 겨우 5시다. 한기가 느껴져 스웨터를 걸친 채 서재를 서성대다가 베란다에 나가 차 한 잔을 모두 마실 때까지 생각이 분주하다. 이 새벽에 신호를 기다렸다가 일제히 달려가는 자동차들은 모두 어디로 가는 것일까? 시간을 보면 출근하는 차는 아닌 것 같고 그렇다면 저 차의 주인공들은 어디 먼 지방으로 출장이라도 가는 것일까?

　무심히 빈 찻잔을 바라보다가 무엇엔가 홀린 듯 옷을 입는다. 생각이 여러 갈래로 흩어졌을 때가 문제지 어떤 쪽으로든 결론이 나면 그 다음 단계는 행동뿐이다. 모자와 장갑과 안경과 지도를 찾아 가방을 챙기고 현관에 걸터앉아 느슨해진 신발 끈을 조인다. 손가락이 바쁘게 운동화 끈을 조이는 동안 멀뚱거리며 구석을 지키던 막대 우산은 손보다 마음이 먼저 잡는다. 이른 아침의 상쾌한 공복감이 싫지 않다. 평소 같으면 이 시간은 침대에서 뒤척거리고 있을 텐데 다른 아침과 다르게 상쾌할 수 있는 것은 어디로 떠날 수 있다는 것, 그리고 지금 당장 문을 나서기만 하면 비 내리는 포구 그곳에 바로 닿을 수 있다는 것.

　목적지를 정하고 떠나는 여행은 목적지가 불투명한 여행에 비하면 얼마나 가벼운가. 아무리 하고 싶은 일이 많을지라도 달리는 동안만은 다른 길에 대한 유혹이 없으니 그럴 수밖에. 나는 차에 시동을 걸고 FM에 주파수를 고정시킨다. 그것 또한 어떤 음악으로 하루를 열 것인가 하는 고민의 싹을 일찍이 잘라버린 셈이니 이럴 때 가벼움은 배가 된다. 도심의 교차로를 몇 군데 지나면서 잠

저 아름다운 곡선, 물이 들고 나는 길.

간 정지한 것을 제외하면 길은 마치 공부하기 싫은 아이가 어쩌다 밀린 숙제를 모두 끝낸 오후처럼 여유롭다.

39번 국도를 따라 수원, 봉담, 발안, 안중을 지나는 동안 빗줄기는 더욱 완강해진다. 그러나 오늘 하루는 평택항과 아산만 일대에서 보내기로 마음을 굳힌 이상 아무리 많은 비가 내리더라도 가던 길을 멈출 수는 없다.

왕림휴게소를 지나고 봉담을 지나 얼마쯤 갔을까? 길 건너 화물칸을 개조하여 간이 가게를 꾸민 작은 타이탄 트럭 한 대가 눈에 들어왔다. 비 때문인지 얼핏 보니 가게문은 닫혀 있다. 실은 눈에 들어온 건 트럭이 아니라 그 뒤에 흰 스프레이로 대문짝만하게 써 놓은 반애원조의 글귀가 마음을 붙잡는다.
'제발 소변 금지!'
그 차가 무엇을 하는 차인지, 왜 그런 글씨를 복잡한 국도 변에 그토록 크게 써 붙여야 했는지, 본격적으로 생각하기 시작한 것은 그 곳을 한참 지난 뒤였다.

살면서 사람들 스스로 주인의식이 없기 때문일까? 왜 하지 말라는 금지 항목은 늘어만 가는지. 오늘 아침 골목을 나설 때도 가장 먼저 접한 것은 '주차금지'와 '낙서금지'였는데 차가 쌩쌩 달리는 국도에서도 여전히 붙어 있는 저 '금지, 제발 금지'라는 말. 여행은 제발 금지가 없는 곳으로 가는 행위일 지도 모른다는 위로의 말을 찾지 못했다면 비 오는 날 나의 포구행은 조금 더 무거웠을 지도 모른다.

아산호 방조제, 주인도 객도 없는 포장마차의 찢어진 비닐천막이 거친 바람으로 을씨년스럽다. 그래도 햇살 좋은 날 연인들이 그 둑을 찾았다면 성질 급한 바다가 아무리 그들을 유혹한다 해도 허술하기 짝이 없는 철제파이프 기둥에다 한때 문학을 꿈꾸기도 했을 낭만파 주인장이 멋스럽게 써놓은 시화(詩畵)에 잠시라도 마음 멈추지 않을 사람은 없었을 것이다. 포장마차는 마치 폭력배들이 휩쓸고 간 난장처럼 처참한 모습으로 객을 맞는다. 빨간색, 파란색 플라스틱 의자는 뿔뿔이 흩어져 하체를 공중으로 쳐들고 있거나, 아예 코를 박고 엎드렸고 큰 고무대야 하나를 포구 철조망까지 던져버린 폭군은 취조를 하지 않아도 바람이란 걸 안다. 삐뚤빼뚤한 글씨의 메뉴판도 구겨져 있기는 마찬가지다. 평소 같으면 조금이라도 매상을 올려볼 요량으로 뜨내기손님 하나라도 더 잡기 위해 주인은 온갖 말 잔치로 유혹을 했을 텐데 주인도 없고 나그네도 없는 둑 위의 포장마차는 파산선고를 하고 달아난 빚쟁이 집처럼 신산하다.

  간조의 아산호는 물때 맞춰 고기를 잡기 위해 쳐놓은 말뚝과 그물 사이에 지렁이 기어간 흔적처럼 구불구불한 길이 보기에 정답다. 겉보기에 바다는 이미 빠르게 달아나고 없지만 보이지 않은 바닥에서 물들은 은밀히 서로가 서로의 발목을 적시며 내통하고 있으리라. 자연은 크든 작든 곧고 바른 직선은 피하고 원만하게 휘어진 곡선으로 비슷하지만 각기 다른 길을 만들어 낸다. 대체 물은 먼바다로부터 저곳에 길이 있다는 걸 어떻게 알고 들어오고 또 나가는 것일까?

아산 쪽에서 바라본 아산호.

비 오는 날, 주인 없는 포장마차.

바람은 내가 옷을 적시지 않고 썰물이 된 바다를 바라보는 것조차 허락하지 않는다. 나는 급기야 바람에게 우산을 빼앗기고 낡은 포장마차 속으로 간신히 비를 피해 앉아 반쯤 뚫린 틈 사이로 간조의 개펄을 바라보았다. 갈매기들이 날고 있었고 만을 따라 한꺼번에 많은 양을 방류하고 있는 물은 반쯤 흙빛을 띠고 있었다. 광폭 하게 흘러가는 급류를 바라보다가 한때 작품 속에서 내 젊은 날 사랑의 미친 속도를 저와 같은 강물에 비유하며 노래했던 구절들을 떠올렸다.

폭풍 속 장마 지나고/다시 쏟아지는 빗속에 서서/흐르는 강물 오래 바라보았다/아무도 어떤 무엇으로도 막을 수 없는/저 붉은 사랑 그리움의 미친 속도//황토 흘러가는 어지러운 강물/바다가 예서 얼마나 남았는지/반쯤 드러누워 아랫도리를 바닥에 묻고/어떻게든 살아남으려는 어린 자작나무에게/머리 한번 쓰다듬어주며 잠시 쉬어갈 법도 한데/뒤 한 번 돌아보지 않고 달려가는 강물/한때 내 그리움의 화려한 현기증도/세상 모두 휩쓸고도 남을 저 붉은 사랑/상처가 상처를 보듬고 간통하는/흙탕물의 미친 속도를 닮았던가.

자동차로 돌아온 것은 꽤 많은 시간이 지나 옷을 흠뻑 적신 후였다. 으슬으슬 한기가 느껴졌지만 마음 가득 차 오른 풍경 때문인지 추위조차도 싫지 않았다. 비 내리는 개펄을 바라보는 것도 아름답지만 주위 평택항을 중심으로 옆구리에 만을 끼고 천천히 걸어서

평택관광단지를 둘러보는 코스도 손색이 없다. 낮이라면 요트나 윈드서핑을 즐길 수도 있지만 가족단위나 연인들에게는 평택호가 한 눈에 내려다보이는 평택호 미술관과 저녁이면 미술관 옆 자동차극장에서 영화 한편 관람하는 것도 의미 있는 이벤트로 추천하고 싶다. 극장은 인원수와 상관없이 차 한 대에 12,000원이라니 주머니가 궁핍한 친구들은 우르르 몰려가 새우깡을 나눠 씹으며 영화 한편쯤 감상해도 좋을 것이다. 영화를 보다가 지루하다 싶으면, 가끔 물오리떼 한가롭게 노니는 평택호를 바라보기라도 한다면 그건 뜻밖의 보너스가 될 것이다. 멀리 아산만을 가로질러 달리는 줄줄이 알사탕 같은 자동차의 불빛들도 볼만한 야경이다.

평택항을 따라 차가 갈 수 있는 곳까지 갔다가 미술관 앞에서 되돌아 나오려는데 자동차 극장의 금일 상영프로 김혜수, 김태우의 '얼굴 없는 미녀' 포스터가 나를 붙잡는다. 노천에 붙어 있는 영화포스터나 차안에 있는 나나 추억의 냄새가 짙은 비에 젖기는 마찬가지다.

돌아오는 길, 시간이 허락된다면 아산호에서 수원 방향으로 조금 더 올라가다 안중 사거리에서 좌회전하면 만호리 가는 길이 나온다. 현호택지지구, 안중 예술회관, 서해안고속도로 서평택 IC를 지나 만호리는 안중에서 9km로 중간에 포승을 경유하여 계속 직진하면 된다. 예전 서해안고속도로가 개통되기 전까진 소박한 포

평택호 미술관의 피라미드형 금빛 지붕.

구였지만 이제는 눈앞의 서해대교와 함께 평택항이 국제항으로 탈바꿈한 뒤 그 위용과 규모가 나날이 달라지고 있다. 그곳 부두를 지나게 되면 수출계약을 맺고 다른 나라로 떠날 자동차들이 선적을 기다리고 있는 뿌듯한 행렬을 볼 수 있을 것이다. 그러니까 만호리는 서해대교가 시작되는 지점, 누구나 한번쯤 들러보고 싶은 마을인 셈이다.

TOUR POINT

삽교천방조제 충남 당진군 신평면 운정리와 아산시 인주면 문방리 사이에 축조된 방조제다. 충남 당진, 아산, 예산, 홍석의 4개 시군 22개 면 지역을 전천후 농토로 개발하기 위하여 삽교천지구 대단위 농업종합개발사업의 중추적 사업으로 계획된 것이다. 이 담수호의 조성으로 4개 시군 농토의 관개용수가 해결되었을 뿐만 아니라 서울~당진 간 육로 거리를 좁혀 물류비용을 줄이는 간접 효과도 크다.

아산호 충남 아산시 인주면 공세리와 경기 평택시 현덕면 권관리 사이에 아산만방조제가 건설되면서 생겼다. 평택지구 대단위 농업개발사업의 용수원을 조성하고, 역류하는 서해 조수의 염해 및 연안 침식을 방지하기 위하여 만들었다. 아산호는 남양호와 함께 1977년에 국민관광지로 지정되어 유원지로 개발되었으며, 수로에서 낚시를 할 수도 있다.

만호리 서해안고속도로를 이용해 서평택 IC로 나오면 곧 바로 서해대교가 시작되는 지점에 있는 작은 마을이다. 예전에는 조용한 포구였지만 이제는 평택항으로 들고나는 관문이 되어서 다소 복잡해진 마을이다.

둘러보기 | 평택관광단지, 서해대교와 행담도, 평택항, 충남삽교관광지, 아산온천, 삽교천방조제, 평택호 미술관, 자동차 극장 등

먹거리 | 각종 생선회, 포장마차의 조개구이, 바지락칼국수, 아귀찜 등

놀거리 | 조개잡이, 요트, 윈드서핑, 자전거 타기, 아산만~삽교천방조제 일대 포구 둘러보기, 망둥이낚시

가는길 | **승용차** 평택에서 안중을 거쳐 39번 국도를 따라 아산 방면으로 20여 분 소요되며 서울에서 90km, 수원에서 45km, 온양에서 18km 거리이다.
　　　　　대중교통 아산시(온양)·삽교 행 시내버스가 15분 간격으로 있고, 평택 안중에서 아산시(온양)·삽교 행 시내버스는 15분 간격으로 있다.

문　　의 | 충남 당진군청 홈페이지 http://www.dangjin.go.kr
　　　　　경기도 문화관광과(평택시청) http://www.pyeongtaek.go.kr
　　　　　평택시청 문화관광과(경기관광공사) http://www.kto.or.kr

Section 03

지금 사색이라는 단어를 떠올리며 조용한 포구를 생각했다면 매향리
는 권할 만한 곳이 못 된다.

매향리, 상처의 흔적을 찾아서

봄을 기다리는 사람들

이제 단련될 대로 **단련**되어서일까? 하늘을 향해 이삭을 밀어 올린 **벼**들이 포격소리에도 누렇게 익어가고 있다. 모두 **귀**를 막을 수 있어서 저만큼 견뎌냈으리라… 그들의 노래처럼 봄이면 **유채꽃**과 매화향기가 진동할 매향리가 **평화마을**로 돌아올 날이 머지 않았다.

浦口

상처보다 더 정직한 훈장이 있을까? 봄이 되면 매화향기 진동해야 할 매향리(梅香里)가 화약냄새로 얼룩지기 시작한 것은 반세기 이전으로 거슬러 올라가야 한다. 내 마음 한 쪽에 기억되고 있는 매향리도 오래 전부터 상처로 얼룩진 아픈 포구가 전부였다.

엄밀히 말하자면 매향리는 농어촌이라 해야 할 만큼 어업과 농업에 기반을 둔 소박한 마을이지만, 묻혀 있던 조용한 마을이 세상에 알려지기 시작한 것은 불과 몇 년 되지 않는다. 그것은 반세기 동안 미공군부대가 사격훈련장으로 매향리 일대를 무단으로 사용하는 동안, 소음을 견디지 못한 주민들이 사격장을 다른 곳으로 이전해 줄 것을 국가와 미 당국에 강력히 요구하면서, 몇 번의 법정투쟁 끝에 비로소 매향리 주민들은 잃었던 그들의 봄과 더불어 매화향기를 되찾게 되었다.

매향리 하면 우선 떠오르는 인물이 있다. '미공군 폭격장 철폐를 위한 주민대책위원장 전만규 씨'. 매향리의 평범한 어부 전만규 씨가 국가기관이나 언론사를 찾아다니며 미군 사격장 철폐 투쟁을 시작한 것은 1988년이다. 그렇게 하여 세상에 알려지기 시작한 매향리, 그로부터 주민 대표 14명이 첫 소송을 낸 후 6년이 지난 지금, 아무도 멈출 수 없다고 단언한 포연을 이제 곧 멈출 수 있게 된 것이다. 1, 2심에서 원고 승소 판결 뒤 2년째 대법원에 계류중이던 매향리 주민들의 소송이 마침내 주민들의 승소로 끝난 것은 지난 2월이었다. 재판부는 판결문에서 "매향리 사격장에서 발생하는 소음으로 원고들이 입은 피해는 사회생활에서 통상 참을 수 있는 정도를 넘어서는 것이며, 국가의 매향리 사격장 설치 또는 관리에 하

망둥이를 낚는 사람들.

자가 있었다고 인정한 원심 판단은 정당하다."고 밝혔다.

지난 봄 기다리던 소식이 지상에 발표되면서 많은 사람들이 너무도 당연히 그렇게 되리라고 믿고 있었던 하나의 사건이 결론을 얻게 된 것이다.

나는 매향리를 출발하기에 앞서 지난 기사들을 하나하나 들춰보기 시작했다. 미리 연락을 취하진 않았지만 가능하다면 매향리 주민대표인 전만규 씨를 만나 볼 생각이었고 그밖에 지금도 사격장으로 쓰고 있는 매향리 포구일대를 두루 돌아볼 참이었다. 마을 입구로 들어서는 삼거리엔 매스컴에서 자주 보아 익숙해진 녹슨 고철과 여러 종류의 포탄껍데기를 모아 고통에 찬 인간의 형상을 조각한 작품 한 점이 눈에 들어오고, 맞은 편에는 매향리 사건이 승소판결로 끝난 것에 대해 관심 있는 단체들이 걸어놓은 환영의 현수막들이 빛을 바래가고 있었다. 그러나 말이 무슨 소용이랴. 조각작품이나 현수막도 눈에 띄었지만 매향리 투쟁의 본거지 역할을 한 대책위사무실로 쓰던 건물의 마당 귀퉁이 가득 쌓인 포탄껍데기는 그곳이 얼마나 살벌한 군사훈련지역이었는가를 한눈에 알게 한다. 저 무지막지한 포탄이 마을 골목과 농토와 어장이 놓인 포구에 마구 떨어졌다고 생각하자 알 수 없는 분노와 온몸에 돋아나는 소름을 피할 수가 없다.

　대책위사무실을 지나 좁은 골목 입구 작은 나무판에 적힌 '요꼴 입구'를 확인하고 따라가니 논과 소나무 숲으로 이어진 오솔길이다. 한 아주머니에게 포구로 나갈 수 있는지를 물으니 손가락으로 논길을 가리킨다. 좁은 논둑을 따라 몇 발짝 가지 않아 바로 눈앞에 야트막한 절벽이 기다리고 그 앞으로 다시 사격장이다. 이제 단련될 대로 단련되어서일까? 하늘을 향해 이삭을 밀어 올린 벼들이 포격소리에도 누렇게 익어가고 있다. 모두 귀를 막을 수 있어서 저만큼 견뎌냈으리라. 논 사이 소나무 숲 아래 붉게 익어 가는 꽈리를 어

대책위사무실 앞마당에 널려 있는 포탄껍데기.

디서나 볼 수 있는 매향리. 가던 길로 되돌아 나와 횟집이 늘어선 포구로 향한다. 출발을 서두른 탓에 오전에 도착한 매향리포구는 한산하다 못 해 적막하다. 마침 간조 때가 되어 사람들은 긴 방파제에 일렬로 차를 세워놓고 개펄에 들어가 한가롭게 바지락을 캐거나 구멍을 파고 낙지를 잡고 있다. 어느 쪽에 시선을 두어도 개펄을 가득 메우고 있는 작은 게들, 조그만 인기척에도 얼마나 재빨리 도망을 가는지, 방파제 난간에서는 감히 잡을 엄두조차 낼 수가 없다. 방파제 끝에선 사람들이 망둥이낚시를 하고 있다. 이제 막 들어오기 시작한 바다가 발끝에서 찰랑거리고, 사람들은 가파른 물살에도 미련이 남는지 쉽게 낚시를 거두지 못한다.

　왼쪽으로는 SK 기름 저장고가 있고, 건너 당진군에는 한보철강이 그 위용을 자랑하고 있다. 그리고 방파제를 중심으로 오른쪽에 작은 섬 두 개가 나란히 있는데 낚시하는 아저씨에게 물어보니 그게 바로 농섬이며 사격훈련장이란다. 사격훈련장이라고 하지만 포격소리가 없으니 실감이 나지 않을 뿐 아니라 물살을 따라 한가하

매향리선창의 포장마차.

게 먹이를 찾고 있는 물새들을 보니 낙원이 따로 없지 싶다.

방파제를 따라 뻘 밭을 기웃거리다가 현호네 포장마차를 선택한 것은 가게 앞에다 차를 세운 것도 이유가 되겠지만 무엇보다 탁 트인 전망이 마음에 들었다. 낙지 볶음을 시켜 놓고 아주머니와 이야기를 하는데 눈앞 포구 쪽에서 고막을 찢는 듯한 포탄소리가 들렸다. 연이어 전투기가 하늘을 날고 바로 코앞에서 화약연기가 피어올랐다. 옆 테이블 화로에서 조개를 구우며 소주잔을 기울이던 아저씨들은 허허 웃으며 "내년이면 저 전쟁도 끝날 텐데 이제 노래로 들어야제." 하신다. 비로소 매향리에 와 있다는 것이 실감이 났다.

매향리 주민 대표 전만규 씨는 어떤 인터뷰에서 이제는 "매화향기 가득한 매향리에서 조용한 어부로 남고 싶다."고 말했고 어느 주민은 "전쟁터나 다름없는 매향리에도 마침내 봄이 온다."고 했다. 그들의 노래처럼 봄이면 유채꽃과 매화향기가 진동할 매향리가 평화마을로 돌아올 날이 머지 않았다. 내년에 공식 폐쇄될 사격장을 놓고 그들은 새로운 꿈을 꾼다. 상처로 얼룩진 마을에 '평화박물관'과 '평화공원'을 만들어 오

각종 포탄껍데기로 만든 조각품.

랫동안 절망과 분노를 한으로 삭히며 안간힘으로 싸워 지켜온 그들의 아름다운 마을 매향리를 살기 좋은 평화마을로 조성하는 것이 그것이다.

　지금 사색이라는 단어를 떠올리며 조용한 포구를 생각했다면 매향리는 권할 만한 곳이 못 된다. 하지만 우리의 이웃이 너무나 오랜 동안 자신의 의지와는 상관없이 착취당한 자유와 평화를 생각한다면, 사격장이 폐쇄되기 전에 한번쯤은 수많은 상처를 안고 그래도 떠나지 못하고 고향을 지켜온 그들의 역사, 삶의 현장 속으로 여행을 떠나보는 것은 어떨까? 그래야만 다음에 다시 매향리에 갔을 때, 사격장이 사라진 한적한 포구를 걸으며 지난 날 잊어서는 안 될 아린 상처의 자국들을 아련히 추억해보지 않겠는가?

　벌써 내년 매향리의 봄이 기다려지는 건 왜일까? 현호네 포장마

차에서 점심을 먹고 포구를 돌아 나오는데 승두네 횟집, 바다 횟집, 종원네 조개구이 집이 끝나는 지점에 평화마을 '조국이네 포장마차'가 눈에 들어온다. 조국이네는 전만규 씨 아내가 운영하는 조개구이 집이고, 조국이는 그의 늦둥이 아들 이름이라고 들었는데, 머지 않아 내게도 조국이네 포장마차에서 물 좋은 조개를 구우며 지난 상처를 추억처럼 되씹을 날이 분명 오긴 올 것이다.

T O U R P O I N T

매향리포구와 남양호 매향리포구 일대를 산책하며, 미공군부대사격장 농섬, 매향리 마을 대책위원회사무실 등을 둘러보는 것도 의미 있다. 장안면 수촌리~우정면 이화리 사이에 위치하고 있는 남양호는 1973년 12월 20일 남양만에 2065m의 방조제가 완공되면서 간척농지가 형성된 곳으로 새롭게 등장한 화성시의 관광명소이다.

융릉·건릉 태안읍 안녕리에 자리 잡고 있다. 정문 오른쪽에는 장헌세자(일명 사도세자)와 경의왕후의 합장릉인 융릉이 있으며, 왼쪽에는 정조대왕과 효의왕후의 합장릉인 건릉이 있다. 융릉·건릉은 능 전역에 노송이 많아 사계절 경관이 수려하며 특히, 겨울철 백설이 덮인 풍경은 장관이다.

제암리 3·1운동 순국 유적지 1919년 3·1운동 당시 독립만세운동이 전개되었던 곳이다. 특히 3월 31일과 4월 5일 이곳 주민들이 격렬한 만세운동을 벌이자 일본군경은 4월 15일 제암리 교회에 주민들을 감금한 뒤 불을 지르고 무차별 총격을 가하여 23명을 학살하고, 근처 팔탄면 고주리에서도 또다시 6명을 무참하게 학살하였다. 1959년 이곳 교회 자리에 기념비를 건립하였으며, 1982년도에 현재의 3·1운동 순국기념탑을 다시 건립하였다.

둘러보기 | 매향리, 제암리, 용주사, 평택호, 아산만 등
먹거리 | 조개구이, 생선회, 바지락칼국수, 주꾸미 볶음, 꽃게찜
놀거리 | 바지락 캐기, 낙지잡이, 망둥이낚시
가는길 | **승용차** 서해안고속도로 - 발안 IC - 발안 - 조암 - 매향리
대중교통 지하철 사당역 4번 출입구 쪽 직행버스정류장에서 경진운수 조암행(사당~조암) 직행버스를 탄다(6:40~21:30). 조암터미널에서 고온리행 경진운수 공영버스를 타면 매향리에 갈 수 있다. 조암~매향리 간 공영버스는 평일에는 6:30~21:30까지, 공휴일에는 6:30~21:30까지 1시간 간격으로 있다.
문   의 | 화성시청 홈페이지 http://www.hscity.net

Section 04

형도에선 무엇을 할까 고민할 필요는 없다. 넓은 갈대 평원을 두 발로 가볍게 걷는 것이 최상이다.

갈대들의 축제장 **형도** 가는 길

누구나 길을 잃고 싶을 때가 있듯

포구로의 여행은 늦어도 **정규방송**이 시작되기 전에 가방 꾸리는 일을 마쳐야 한다. 그것은 흔한 일상에서 보면 아주 사소한 일에 불과하지만 어떤 여행도 **육감적인 안락**이나 쾌락을 뿌리칠 **용기**가 없다면 불가능하다. 그러나 지레 **시간**을 걱정할 필요는 없다.

浦口

포구를 떠올렸다면, 푹신한 소파에 허리를 묻고 주말 연속극이나 시사토론에 채널을 고정시킨 채 온갖 세상사에 볼모잡혀 있는 시간이 문득 억울하다고 느껴지면 이미 늦다. 포구로의 여행은 늦어도 정규방송이 시작되기 전에 가방 꾸리는 일을 마쳐야 한다. 그것은 일상에서 보면 아주 사소한 일에 불과하지만 어떤 여행도 육감적인 안락이나 쾌락을 뿌리칠 용기가 없다면 불가능하다. 그러나 지레 시간을 걱정할 필요는 없다.

형도 가는 길은 멀고도 가깝다. 시화방조제가 생기기 전까지 형도(荊島)는 물때를 맞춰 배를 이용하거나 송산면 독지리, 혹은 포도밭이 있는 마산포 언덕에서 아득히 바라만 봐야 했던 외로운 섬이었다. 시화호가 완성되면서 어도(魚道)와 마주보고 있는 형도는 이제 바다 가운데 섬이 아니라 육지 속의 섬이 되었는데 그 일대는 생태계뿐 아니라 지형적인 변화가 지도를 새로 그려야 할 만큼 크다.

몇 년 전까지만 해도 형도에서 채취한 돌은 배를 이용하여 육지로 운반되었지만 길이 생기면서 상황은 달라졌다. 이제 반쯤 잘려나간 산허리는 허연 갈비뼈를 드러내 보기조차 민망하다. 지금도 여전히 한쪽에선 산을 깎아 내리고 한쪽에서는 돌을 운반하는 차량이 바쁘게 움직인다. 작은 산비탈에 빨간색 뾰족지붕의 교회를 중심으로 몇 가구 안 되는 사람들은 바다가 사라지면서 하나 둘 떠나고, 이제는 얼마 남지 않은 주민들이 손바닥만한 텃밭을 가꾸며 살고 있다. 이제 독지리 마을을 경유하거나 마산포를 지나 형도로 이어지는 도로는 넓고 안정적이다. 허나 도로가 좋아졌다는 건 개발의 위험이 가속화될 소지를 안고 있는 셈이니, 무턱대고 환영할 일만은 아니다.

그럴지라도 형도에 가보지 못한 사람은 갈대밭을 달려가는 바람소리가 수만 마리의 새떼와 일제히 합창하는 소리를 믿기 어려울 것이다. 늦가을, 평원의 갈대밭을 산책해보지 않은 사람은 바람이 지날 때마다 쏴~쏴~ 파도를 일으키며 일제히 몸을 흔드는 소름 돋는 갈대들의 명연주를 어떻게 알겠는가.

형도는 갈대가 무르익은 늦가을이 좋다. 개펄의 소금기가 빠지기를 기다리는 몇 년 간 바람을 타고 온 씨앗들이 넓은 지역으로 날아들면서 자연스럽게 생긴 갈대천국, 사실 형도는 오래 숨겨두고 싶은 곳이다. 강태공들은 사계절 수로를 따라 이동하며, 바닷물이 들고나는 바깥쪽에선 망둥이를 낚지만 안쪽에선 손바닥만한 붕어를 낚을 수 있다. 특징이라면 낚시를 할 수 있는 곳 모두 갈대 숲으로 둘러싸여 있는데 그 분위기는 가히 압도적이다. 주말이나 휴일엔 제법 많은 낚시꾼들이 자리를 지키고 있지만 주중에는 한산하다. 섬은 그다지 크거나 아름답다고 할 수는 없지만, 그 섬이 아우

갈대가 수로에 제 그림자를 들여다보고 있다.

르고 있는 바다와 넓은 평지는 사색하며 걷기에 그만이다.

가끔은 꼬리연을 날리는 아이들을 볼 수 있고, 더러는 자전거를 타고 달리는 연인들도 만날 수 있다. 허나 잊을 만하면 공중에서 윙윙거리며 나타났다 사라지는 건너 어도에서 수시로 뜨는 경비행기와 잠자리 날개로 멋지게 하늘을 나는 패러글라이더들의 시원한 모습을 감상할 수 있는 이색적인 곳이기도 하다.

형도에선 무엇을 할까 고민할 필요는 없다. 넓은 갈대 평원을 두 발로 가볍게 걷는 것이 최상이다. 도심의 일상이 복잡하고 불규칙하다면 이곳에서의 시간은 한가하게 할 수만 있다면 다리가 저항할 때까지 맘껏 한번 걸어보기를 권하고 싶다. 그곳은 키 작은 앉은뱅이 갈대도 있지만 어른의 키 두 배쯤 되는 갈대들도 흔하게 볼 수 있다. 누구든 맘먹고 그곳에 갔다면 수고를 아끼지 말고 조금만 더 안쪽으로 들어가 보라. 하늘에겐 들키지만 지나가는 자동차나 사람에겐 들킬 염려가 없는 것이 이곳 갈대밭의 숨은 매력이다.

은빛 햇살이 눈부신 날, 나는 이 갈대 숲을 산책하다가 두 번이나 눈앞에서 놀라 달아나는 노루를 만났다. 노루는 건너 작은 섬에서 내려와 갈대 평원 한가운데로 날 듯이 사라졌다. 나는 평원 끝으로 사라지는 노루를 보며 아프리카의 초원을 상상하곤 했었다. 그 날 이후 형도에 가면 그때 달아난 노루를 생각하거나 언젠가는 다시 나타날 녀석을 전설처럼 기다리곤 했었다.

사실 가을이 좋다고 했지만 이곳은 사계절 모두 손색이 없는 곳이다. 늦가을에 절정을 이루는 갈대는 봄이 되면 새싹을 밀어 올리기까지 가볍고 연약하지만 허리 한번 굽히지 않은 그만의 품을 유지한다. 봄엔 움을 틔우는 갈대가 초원을 연상시키고, 여름이면 키를 늘려 깊은 숲을 이루고, 가을이면 흰 장갑 낀 손으로 현란한 춤사위로 보여주는가 하면, 겨울엔 잎을 부벼내는 음악소리가 눈과 귀를 동시에 멀게 하는 마술의 세계로 이끈다. 그러나 또 깊은 겨울은 어떤가? 물의 움직임이 적은 그곳은

이 일대에는 수많은 포도밭이 있다. 해풍으로 익는 이곳의 포도맛은 일품이다.

마치 겨울 바이칼 호처럼 겹겹의 얼음으로 덮이는데 갈대는 그 연약한 하체를 얼음에 묻고도 여전히 다른 계절에는 들을 수 없는 소리로 들판의 산책자들을 유혹한다. 가끔 영화, 뮤직비디오, 사진 제작을 위해 그곳을 찾아오는 촬영 스태프들을 만나는 것도 그러한 메리트 때문일 것이다.

 이곳은 자동차가 지프일 경우 갈대 숲 한가운데로 차를 몰아 들어갈 수도 있다. 하지만 벌레와 새와 이름 모를 온갖 풀꽃들을 배려해 길옆에 조용히 차를 세우고 조용조용 걷는 것은 우리가 자연에게 할 수 있는 최소한의 예의일지도 모른다. 그곳은 사실 자동차를 타고 휙 지나쳐버리면 아무것도 누릴 수 없다. 무심히 그냥 바람을 안고 걷거나 때로는 먼 곳으로 시선을 던지며 마음을 씻어보는 것도 좋고, 한나절 조용한 음악을 듣거나, 차 문을 활짝 열고 편안한 자세로 의자에 기대고 앉아 책을 읽거나, 쓰레기를 남기지 않는다면 준비해간 도시락으로 간단한 식사를 하거나, 혹은 즉석에서 차를 끓여 마시는 것도 여유를 즐기는 방법이다. 자동차를 이용해도 좋다는 말은, 평지라 그늘이 없는 것이 흠이라면 흠이어서 한낮 햇빛이 뜨거울 때 잠시라도 숨을 돌릴 수 있는 자동차 그늘을

갖춘다면 더없이 고마울 것이다. 그러나 나의 경우, 형도는 맑은 햇살 아래 저만치 바다를 건너온 해풍과 일광욕을 원 없이 즐기는 곳이므로 그늘이 없는 불편쯤이야 오히려 감사하고 넉넉하다.

지금 형도는 한 쪽은 바다에 발을 담그고 한 쪽은 육지와 연결되는 조금은 이색적인 섬이다. 그곳 갈대평원은 모든 간척사업이 그러하듯 죽음을 볼모로 새 생명을 탄생시킨 경우다. 그곳은 오랫동안 어패류가 풍부한 바다였지만, 이제는 새로운 생명을 받아들일 준비 단계로 발빠른 갈대가 그 많은 식솔들을 거느린 채 세 들어 살고 있으니 강인한 자연의 순환과 공생이란 누가 가르쳐주지 않아도 질기고 눈물겹다.

예전의 마산포는 제법 많은 고깃배가 드나들던 곳으로 언제든 갓 잡은 생선을 구할 수 있는 포구였다. 그러나 방조제가 생긴 이후 마산포는 자연스럽게 폐쇄되었고, 이제는 허리를 땅에 기대고 바다로 가고 싶어하는 목선과 어쩌다 찾아오는 낚시꾼들에게 라면이나 떡밥을 팔고 있는 구멍 가게만이 손님을 기다릴 뿐 예전의 흔

시가 있는 펜션 '버섯집' 마당.

형도가는 길.

적은 찾기 어렵다.

　마산포 건너편으로 보이는 아담한 섬은 말 그대로 고기가 많다하여 어도이다. 어도에서 보면 마산포로 접어드는 길목 고포리 언덕 위에 작은 교회가 있고, 교회를 정점으로 주변일대가 모두 포도밭이어서 키 낮은 교회건물과 어울려 소박하고도 산뜻한 풍경을 선사한다.

　내가 마산포, 어도와 인연을 맺은 것은 20년 전으로 거슬러 올라간다. 지금은 성년이 된 두 아이들을 앞세워 어도로 휴가를 간 것이 시작이었다. 그 후 몇몇 작가들에게 마산포와 어도를 소개하기도 했는데, 모두들 가까운 곳에 특별한 섬이 있다는 걸 매우 신기해했고, 어느 작가는 어도를 무대로 중편소설을 발표해 반향을 일으키기도 했다.

　어도에는 요즘 새로운 펜션 붐으로 버섯처럼 생겼다하여 '버섯집'이라는 애칭을 가진 해피하우스가 손님을 받는다. 해피하우스가 있는 언덕에서 마주 보이는 섬이 바로 대부도인데 그곳에서 보는 석양은 매우 인상적이다. 가족과의 나들이라면 낚시나 개펄체험도 좋겠지만 활동파 젊은이라면 요트 타기, 패러글라이더, 경비행기 조종, 서바이벌게임, 스포츠카 같은 신종 레저시설이 겸비되어 매력이 더한 곳이다.

    아직까지 형도, 마산포, 어도 일대는 조용하고 한적하다. 이 세 곳은 대부도, 궁평리, 제부도로 가는 길목인 사강에서 약 10km쯤 안쪽에 위치하고 있어 일부러 찾아가거나 특별한 동기 없이 우연히 지나는 길에 만날 수 있는 확률은 매우 희박하다. 그러나 한번 발을 들여놓은 사람은 한번으로 끝나지 않은 곳이 바로 그곳이다. 나 같은 산책자에겐 오히려 위로이지만, 아쉬운 점이 있다면 주변에 음식점이나 모텔 같은 것이 아직은 별로 없다. 그만큼 조용하고 한적한 곳이다.

TOUR POINT

형도와 어도 형도와 어도는 시화호 간척 사업에 의하여 육지로 변한 곳이다. 송산면 고포4리의 어도와 송산면 독지3리의 형도는 어업이 생계에서 차지하는 비중이 매우 컸던 반면, 외부 세계와의 사회적 관계는 상대적으로 적었던 지역이다. 현재 어도에는 레포츠를 즐길 수 있는 위락시설이 들어서고 있고, 형도는 채석장으로 변하여 섬 전체가 사라져 가고 있는 형편이다. 그러나 어도에서 형도에 이르는 간척지는 스텝의 초원 지대를 연상케 하며 낚시와 드라이브를 즐길 수 있는 곳이다.

서봉산 삼림욕장 봉담읍 정남면 일대의 서봉산 삼림욕장은 정문에서 정상까지 총 연장 2.2km의 산책로로 험하지 않아 누구든지 1시간이면 충분히 오를 수 있도록 조성되어 있으며, 정상 전망대에 오르면 서해바다와 인근이 한눈에 보일 뿐 아니라 학생들의 자연학습장으로도 활용되고 있다. 삼림욕장 진입로 입구에는 발안 저수지와 수라청 농산물센터가 위치하고 있다.

초록산 삼림욕장 양감면 사창리 일원, 이곳은 4km의 산책로와 800여 평의 잔디구장, 배드민턴장, 체력단련장 등의 시설이 갖추어져 있다. 또한 60여 대의 차를 수용할 수 있는 주차공간도 있어 가족 동반 및 각종 단체의 야유회 장소로 각광을 받고 있다.

둘러보기	대부도, 제부도, 마산포, 어도, 시화방조제, 오이도 등
먹거리	각종 해물, 어패류, 포도, 배, 복숭아, 바지락칼국수 등
놀거리	산책, 자전거 타기, 망둥이낚시, 경비행기 조종, 패러글라이더, 요트, 서바이벌게임
가는길	**승용차** 서해안고속도로 비봉 IC – 남양 – 사강 – 고포리 – 마산포 – 어도 – 형도
문 의	경기관광공사 홈페이지 http://www.kto.or.kr 화성시청 홈페이지 http://www.hscity.net

Section 05

대웅전 추녀 끝의 풍경은 가벼운 바람에도 제 몸을 부딪혀 아름다운 소리로 사람들의 마음을 깨우고, 절제된 스님의 목탁소리 또한 게으른 중생들을 깨우고 있다. 이쯤 되면 마음 닦는 일이 무엇일까 한번쯤 생각하지 않고 내려올 사람은 없을 것이다.

향일암

가는 길의 잔잔한 포구

난 집에 가네. 자넨 향일암 가는가?

때가 되었다면, 포구가 한눈에 내려다보이는 **식당**에 들어가 점심을 하는 것도 좋다. 어디든 주인의 안내를 따라 앉으면 바다도 포구도 그 마을을 이루고 사는 사람들의 **소박한 풍경**도 한눈에 즐길 수 있다.

남해 서상 여객선터미널에 도착한 것은 여객선 출발 30분 전이었다. 서상포구의 방파제엔 얼룩무늬복을 입은 공익요원 두 명이 비상시 헬기가 내리는 곳에 그려진 H자 밑그림에 흰 페인트를 덧칠하고 있었다. 이야기 끝에 그들 중 한 명이 국문과에 재학중이라는 것을 알았고 두서 없는 이야기는 여객선이 선착장에 닿을 때까지 계속 되었다. 갯바위에 낚시꾼들이 간간이 보이긴 했지만 포구의 횟집도, 여객선 터미널도 한산하기는 마찬가지다. 8월과 9월이 이렇게 달라질 수 있다니, 나는 포구의 산책자가 되어 사람들이 떠나고 없는 가을 바다를 그렇게 온몸으로 더듬고 있었다. 방파제가 둘러쳐진 서상포구는 처음 초등학교에 입학한 날 교실 창가에서 내다본 학교 운동장보다 조금 더 넓었다.

포구에 여객선이 닿고 한 대의 자동차가 미끄러지듯 육지로 올라오지 바통 터치를 하듯 기다리던 차를 배 안으로 밀어 넣었다. 한 대의 차가 육지로 올라온 대신 한 대의 차는 바다로 서로 자리바꿈을 한 셈이다. 여객선의 엔진 소리는 조용한 포구를 순간에 뒤흔들었고, 여객선은 경적을 울리며 선착장을 떠났다.

서상에서 여수까지는 뱃길로 약 1시간, 여객선 2층 난간에서 나는 앞으로 가야 할 물의 길과 흰 포말을 남기며 멀어져 가는 뒤의 길에 넋을 놓고 있었다. 무인 등대 하나를 지나고 나니 남해도의 절경이 더욱 선명하게 눈에 들어온다. 풍경이란 늘 이렇게 적당한 거리를 두어야 명료해지는 법. 배가 출발하고 10분쯤 지났을까, 여객선 직원이 표를 끊어주며 어색한 웃음을 흘린다. "어디 이래서 되겠십니꺼? 도와 주이소." 그의 뜬금 없는 한마디가 무엇을 의미하는 지 모를 리 없다. 그 큰 여객선을 통틀어 자동차도 손님도 나뿐이니, 나나 승무원이나 누구에겐지 모를 미안하고 면목 없기

여객선에서 바라본 여수항.

는 마찬가지다.

9월, 정오의 햇살은 바다 위를 뜨겁게 달구어 놓았다. 여객선 엔진 소리가 물살을 가르며 미친 듯 달려나가자 뒤편으로 사라지는 남해의 포구들은 어느새 점으로 가물거리고 있다. 정기여객선으로 1시간이니 서상과 여수는 눈에 보이는 만큼 가까운 곳이다.

오동도의 가을 햇살은 동백나무 가지에 부서져 시퍼렇게 멍이 든 채 바다로 떨어진다. 등대는 낮 동안 열심히 빛의 에너지를 모으고 밤이 되면 길손에게 가야 할 방향을 제시해 주는 부지런한 일꾼이다. 아무리 고단할지라도 눈을 부릅뜨고 지새야 하는 밤이 지나고 아침이 오면 벌겋게 충혈된 눈꺼풀을 닫고 휴식에 들어간다. 등대는 항해하는 배에게만 손을 내미는 것이 아니라 포구를 서성대는 이방인에게도 따뜻한 길잡이가 되는데 생각해 보면 포구로의 여행은 그렇게 나를 기다리는 바다와 그 바다 가운데 아랫도리를 묻고도 일생을 묵묵히 견디는 외로운 등대가 없었다면 얼마나 무의미

했을까 싶다.

　이곳 등대에 비하면 크지도 아름답지도 않았지만 언젠가 작은 포구 방파제 끝에 앉아 깜박거리는 등대를 바라보며 밤을 보낸 적 있었다. 그 낯선 곳, 모두 잠든 밤에도 행여 길을 잃고 헤맬지도 모를 단 한 사람을 위해 눈 부릅뜨고 제 할 일을 다하는 등대를 친구로 생각한 것은 그때부터였다. 등대는 정말 무던히도 떠돌이 여행자의 침묵을 위무하며 귀를 기울여주었다. 파도가 우리 사이를 시기하듯 달려들었지만 그 밤 집요한 그와 나만의 대화에는 끼어 들지 못했다.

　여수에 가면 돌산대교를 건너고 싶은 유혹을 피할 수 없다 했는데 역시 예외는 없는 모양이다. 여수항에 내려 수산물 많기로 유명한 어시장을 둘러보다가 어느 새 맑은 해풍이 이마를 간질여 정신을 차리고 보니 이미 돌산대교를 건너고 있질 않은가.

　돌산대교를 건넜으니 이제 향일암을 모른다 할 순 없다. 충무공 전승비를 지나 진모, 굴전 마을을 지나 월암산성, 방죽포해수욕장에서 다시 우회전하여 무술목을 지나 맑고 정갈한 바다를 안고 달리다 보면 곧 임포포구에 이르는데, 바다와 갓김치와 뱅댕이젓갈이 전부인 임포마을을 통과하지 않고 향일암에 닿을 수 있는 길이

여객선에서 바라본 오동도.

있는지 나는 모른다. 그러니까 향일암은 임포마을 끝에서 금오산 자락으로 오르는 108개의 돌계단을 통과해야 대면할 수 있는 곳이다. 힘들더라도 그렇게 암자에 오르기만 하면 시원하게 트인 쪽빛 바다를 맘껏 누릴 수 있으니 수고에 대한 보상은 염려하지 않아도 좋다.

먹거리가 없는 여행이라면 무슨 의미가 있겠는가? 때가 되었다면, 포구가 한눈에 내려다보이는 식당을 골라 들어가 점심을 해결해야 하지 않을까. 어디든 주인의 안내를 따라 앉으면 지평선과 포구, 그 곳에 뿌리를 내리고 사는 사람들의 소박한 풍경들을 한눈에 즐길 수 있다. 그리고 주인이 직접 담아 차려내는 온갖 김치로 차린 밥상은 여행자들의 지친 입맛을 사로잡기에 충분하다. 그곳에서 식사를 해본 사람이라면 그곳 특산물인 갓김치나 밴댕이젓갈 한 통쯤 챙기지 않고 일어설 사람은 없다. 임포는 거북 형상의 포구를 안고 있는 마을답게 집집마다 마당에 갖가지 젓갈을 담은 대형 고무통을 볼 수 있는데 그것만으로도 이곳 사람들의 생업이 무엇인지 짐작하기란 어렵지 않다.

한겨울에도 돌산에 가면 해풍을 맞고 자란 푸른 갓을 볼 수 있다. 하여 기후풍토에 맞게 개발된 식품이 갓김치인데 현재 농협 유통망을 통하거나 개인에게 택배로 배달되는 전국 소비량이 만만치 않다고 한다. 특히 이 고장 밴댕이젓으로 담은 갓김치는 자타가 공인하는 최고의 맛이라며 식당마다 자부심이 대단하다. 생의 곰삭

송춘식 어르신이 보여주시던 수석 흑국.   후원에 동백숲이 있는 백년 된 그의 집.

은 맛이 그리울 때면 주저치 말고 돌산에 가보라. 남도에서만 맛볼 수 있는 곰삭은 젓갈과 쪽빛 바다가 기다리고 있으니까.

마을입구에서 지팡이를 짚고 등산복차림으로 앞서 걷는 한 어른을 만났다. 목적지가 향일암이라면 결코 쉽지 않을 길인데 동행이 될까 싶어 여쭈었다.

"어르신, 향일암 가세요?"

"아니, 난 집에 가네…."

"자넨 향일암 가는가? 근디 향일암엔 왜 가나?"

"저요? 그냥 가는데요."

마을 주민이라고 했는데 경상도 말씨도, 전라도 말씨도 아닌 서울말씨다. 8년 전에 서울 개포동 생활을 접고 그곳에 내려와 사신다고 했다. 함자를 궁금해하자 송춘식(宋春植)이라 하신다. 불과 몇 미터를 걷는 사이 우리는 친구가 되었다. 그는 자신의 집 앞에서 내 손을 끌었고 나는 차 한잔만 하고 가라는 그의 초대에 기꺼이 응했다. 사실 나를 그곳에 가도록 움직인 것은 그가 백년이나 된 집에 살고 있다는 그 달콤한 유혹(?) 때문이었다. 길 앞쪽으로는 영업을 하는 가게들이 줄을 잇고 두어 칸 뒤로 나앉은 그의 집

향일암에서 내려다본
임포 마을과 포구.

은 뒤란을 가득 채운 동백 숲이 어렴풋 멀고 까마득한 시간을 가늠하게 할뿐이었다. 약속대로 차 한잔은 하고 가야지 하시며 그가 손수 끓여주는 차를 마시는 동안 이중섭의 소를 닮은 그림에 눈을 주며 제일 아끼는 게 무엇이냐고 여쭈니, "이것 좀 볼테야, 얼마나 아름다운 흑국(黑麴)인가!" 하시며 수석 한 점을 내보이신다. 그리 크지 않은 누런 빛깔의 돌에는 만개한 검은 국화가 선명하다. 혼자 계시는 어른께서 가장 아끼는 것이 돌 한 덩이라니. 물론 그럴 수 있겠다 싶어 고개를 끄덕이면서도 나는 외롭게 살다 가신 내 아버지를 추억해서일까 연민을 감출 수가 없었다. 다음에 다시 오면 꼭 들려서 놀다 가라는 부탁을 뒤로 한 채 가파른 길을 올라서는데 조금 전 첫인사로 어디가시냐 여쭈었을 때 뒤도 돌아보지 않으시고 했던 말이 왜 자꾸만 내 뒷덜미를 잡아당기는지.

"난 집에 가네…."

향일암으로 오르는 돌계단은 누구나 쉽고 편리하게 그곳에 닿도록 허락하지 않는다. 석모도 보문사, 금산 보리암에 이어 우리 나라의 3대 기도 도량에 하나인 금오산 향일암은 그래서인지 오르는 길부터 예사롭지 않다. 누구에게나 산사의 가파른 계단을 빠르고 경솔한 걸음으로 단숨에 오르는 것은 금물이다. 여기서부터는 조급했던 마음을 누르고 천천히 올라 동쪽을 향해 바위 절벽에 터를 잡은 향일암에 당도하면 우선 다도해를 한눈에 내려다볼 수 있는 푸른 전망에 압도된다. 좁은 바위틈에 기도도량을 세우는 일이 쉽지 않아서일까 누구나 조용히 바위 난간에 앉아 대양을 바라보며 무디어질 대로 무디어진 마음과 세속의 번뇌를 닦으며 조용히 명상하고 기도하고 싶어지는 곳이 바로 향일암이다. 일주문에 속하는 바위는 한 사람이 겨우 통과할 틈만을 허락한 채 마주서서 오가는 사람들을 맞는다.

　대웅전으로 오르는 입구에 서면 집채만한 바위에 선명하고 정교한 거북문양이 시선을 붙잡는다. 암자에서 내려다보는 지형이 바다로 기어드는 거북형상이라 하여 아래서 보면 향일암은 금오산 자락에 비스듬히 누워 있는 듯하지만, 암자에서 내려다보면 발 밑에 바다가 기다리고 있어 뛰어내리기만 하면 곧장 바다에 빠져들 것 같은 착각을 불러일으킨다.

　대웅전 추녀 끝의 풍경은 가벼운 바람에도 제 몸을 부딪혀 아름다운 소리로 사람들의 마음을 깨우고, 절제된 스님의 목탁소리 또한 게으른 중생들을 깨우고 있다. 이쯤 되면 마음 닦는 일이 무엇일까 한번쯤 생각하지 않고 내려올 사람은 없을 것이다. 대웅전 뒤로 깊은 바위 동굴을 따라 올라가면 바로 관음전(觀音殿 : 일반 사찰에서 관세음보살을 주불(主佛)로 모신 불전]이 있고 관음전 옆에는 석조관음보살입상과 동자상이 있다. 이곳은 원효대사가 수도한 곳이라 하여 명당자리를 좋아하는 사람들이 다투어 찾아오는 곳이기도 하다. 경내에는 대웅전과 관음전, 칠성각, 취성루, 요사채가 있다.

이 좁은 돌문을 통과하지 않고 향일암으로 오를 수는 없다.

대웅전으로 오르는 가파른 난간에 서서 왼편으로 보이는 곳이 바로 올라갈 때 지나쳤던 임포마을이다. 향일암이 그러하듯 임포마을도 지형이 좁아 대부분 집들이 높게 지어져 있는데 어디서나 포구를 조망할 수 있도록 배려한 것이 돋보인다. 임포마을은 조금만 둘러보면 향일암 못지 않게 전망이 좋은 식당이나 카페를 어렵지 않게 물색할 수 있고, 잠자리 또한 바다를 한눈에 품을 수 있는 곳이 아주 많다. 마을이나 암자나 바다를 떠나 생각할 수 없는 그곳은 딱히 포구 근처가 아니라도 좋다. 그곳에선 모두가 포구고 모두가 바다이기 때문이다.

내려오는 길, 주차장 입구에서 청년을 만나 마침 잘 됐다 싶어 근처 둘러볼 곳을 묻자 예의 그 특유의 전라도 억양으로 돌산일대를 소개해 주는데 조정래의 『태백산맥』 어느 대목을 다시 읽는 듯 감칠맛 나는 전라도 방언이 어찌나 맛깔스러운지 그냥 혀에 착 감겨오는 듯하다. 이야기가 끝나자 인사를 나누고 돌아서는데 다시 한번 그의 목소리가 뒤통수를 낚아챈다.

"근디 뭣 땜시 그란 걸 물어쌓소?"

나는 청년의 말투가 하도 재밌어 한동안 그의 말을 열심히 따라 해 보기도 했다. 그가 가르쳐 준 대로 돌아올 때는 가던 길을 버리고 왼쪽으로 돌아 고개 하나를 넘자 신기, 작금, 성두를 거쳐 다시 돌산대교로 길은 이어졌다. 신기포구에 내려서 보니 눈앞 여수만에서 조업을 하는 배들이 한 폭의 산수화를 연상시킨다. 그러니 건너 황금물결을 이룬 농토와 그림처럼 사람 사는 섬의 유혹을 아무렇지 않은 듯 지나치는 일은 역시 어렵다. 신기마을에선 군내에서 배를 타면 단숨에 닿을 수 있는 행간도가 손에 잡힐 듯 지척이다.

TOUR POINT

향일암 전남 여수시 돌산읍 율림리에 자리 잡은 금오산 향일암은 산보다 일출이 유명한 장소로 알려져 있다. 국내의 많은 기도도량 중 동해의 낙산사, 남해 금산의 보리암과 더불어 국내의 대표적인 기도도량으로 불린다. 또한 향일암은 풍수지리상 금거북이가 경전을 등에 모시고 바다 속으로 늘어가는 형상을 히고 있으며 암사가 소재한 산의 이름도 쇠 금 金 자, 큰 바다거북 오 鰲 자를 써서 금오산이다.

오동도 오동도는 여수 하면 가장 먼저 떠오르는 명소라고 할 수 있다. 아름다운 등대가 있으며 면적은 3만 6천 평 규모의 작은 섬이지만 동백나무를 비롯해 대나무 등 200여 종의 나무들이 울창한 숲을 이룬다. 특히 키가 큰 동백이 군락을 이루고 있어 동백섬이라고도 부른다. 입구에 식물원을 비롯해 동백숲을 따라 이어지는 산책코스가 좋다. 섬으로 들어가는 방파제는 여수항을 바라보며 걸어서 가는 게 좋지만 이곳에서만 운행되는 관광열차를 이용해도 무방하다.

무술목 진남관을 뒤로 하고 돌산대교를 건너는 해협 왼편으로 장군도가 외로이 떠 있고, 오른편으로는 거북선이 출전대기 태세다. 여기서부터 돌산도 길이다. 향일암을 향해 남쪽으로 해안을 달리다 보면 갑자기 길이 끊길 듯이 양옆에 바다가 펼쳐지는데 여기가 무술목이다.

둘러보기 | 여수항, 돌산과 돌산대교, 이충무공전적비, 금오도, 안도, 거문도, 삼부도, 백도, 흥국사, 만성리해수욕장, 방죽포해수욕장, 진남관, 수산시장, 충민사 등

먹거리 | 가오리찜, 갓김치, 노래미탕, 돔배젓, 멸치젓, 미역수제비, 붕장어(아나고)회
　　　　　특산품 : 멸치, 미역, 쥐치포, 밤젓(전어 창자), 피조개, 미역, 굴(석화), 돌김, 멸치액젓

놀거리 | 섬 둘러보기(드라이브), 해수욕장

가는길 | **승용차** 여수 - 돌산대교(17번 국도) - 죽포(7번 군도) - 임포(돌산대교에서 약 26km)
　　　　　남해고속도로 순천 IC - 순천(17번 국도) - 여수
　　　　　현지교통 여수시외버스공용터미널에서 향일암 행(06:0~19:00) 시내버스(101, 111 번)와 좌석버스(113)를 탄다. 버스는 수시로 운행하며 40분이 소요된다.

문　의 | 여수시청 홈페이지 www.yeosu.go.kr　　여수시청 관광홍보과 061 - 690 - 2225
　　　　　향일암 : 061 - 644 - 4742(매표소 : 061 - 644 - 0309)

Section 06

가끔 지도에도 없는 길을 꿈꾸었다면 전라도 땅은 들러볼 곳이 넉넉하다. 염두에 두어야 할 것이 있다면 길이 불편하고 도시에서 먼 곳일수록 유리하다는 것.

평사리와 섬진강나루터

바다에 가면 산이 그립고 산을 만나면 강이 그립다

무작정이면 좀 어떤가? 때로는 중요한 것을 눈 딱 감고 포기하듯 그런 기분으로 길을 나서고 싶을 때도 있지 않던가. 뜻하지 않던 **낯선 곳**이 새 길에 대한 신명을 불러일으키는 것도 여행의 또 다른 **매력**이라면 매력일 텐데, 전라도 그 특유의 감칠 맛 나는 사투리처럼 휘어지고 늘어져 그냥 혀에 착 감기는 듯한 섬진강.

浦口

때로 잘못 든 길이 그토록 꿈꾸던 길이었을 때, 그것이 바로 여행이란 걸 나는 잠시 잊고 있었던 것일까? 집을 나서면 길의 유혹은 마치 오래 잠복중인 지병처럼, 되도록 자로 잰 듯 분명한 이성을 버리도록 강요한다. 이번 여행의 목적지는 순천이나 광양만을 마음에 두고 5시간을 쉬지 않고 달렸지만 남해고속도로에서 진교나들목을 지나 하동이라는 지명을 확인하는 순간 나는 또 새로운 일탈을 꿈꾸며 하동 IC를 서둘러 빠져 나왔다. 하동 IC를 나온 이상 가야 할 곳은 이미 정해진 것이나 다름없다. 나는 오랫동안 내 안에 살아서 굽이쳐 흐르는 섬진강 자락을 퍼즐게임을 풀듯 하나하나 구체적인 그림을 떠올리며 접근하고 있었다.

전라도 특유의 살가운 맛 나는 사투리처럼 휘어지고 늘어져 그냥 안겨오는 듯한 섬진강, 그 강을 따라 굽이쳐보고자 국도로 들어서니 지난 번 지리산 종주를 위해 호남고속도로를 타고 내려온 반대 방향에서 거슬러 가는 코스가 되고 말았다.

무작정이면 좀 어떤가? 때로는 중요한 것을 눈 딱 감고 포기하듯 그런 기분으로 길을 나서고 싶을 때도 있지 않던가, 뜻하지 않던 생소한 곳이 새 길에 대한 신명을 불러일으키는 것도 여행의 또 다른 매력이라면 매력일 텐데 길게 생각할 틈도 없었다. 하동 IC를 벗어나자 강은 왼쪽 옆구리에 바싹 붙어서 놓아줄 생각을 않는다. 광양만이 바로 뒤쪽이니까 내가 가는 방향 하동, 구례는 강을 거슬러 가는 셈인데 마침 때를 맞추어 국도변을 채우는 코스모스와 백일홍과 이제 막 피어오르는 갈대가 가을 강의 정취를 더하고, 10월에 있을 토지문학제를 알리는 현수막도 눈길을 끈다.

마을이 있는 곳마다 한두 척 혹은 두세 척 서로 어깨를 맞대고 쉬고 있는 나룻배들은 나그네에게 그곳이 우리네 삶의 젖줄인 강이라는 것을 알게 한다. 하동에서 쌍계사에 이르는 벚꽃길은 매년 봄마다 인산인해를 이루어 가고 싶어도 섣불리 엄두를 낼 수 없었는데 이 가을에 그 길을 달리며 화사했던 어느 봄날을 상상하고 추억하는 재미도 그럴 듯 하다.

앞서 몇 차례 비가 내려 불어난 물로 쾌속 질주하는 강을 거슬러 올라가 보니 역 방향이 주는 탄력도 흥미롭다. 불어난 물 때문인지 강가에 묶여 있는 배들을 살피며 도로를 가득 채운 지금 한창 배 출하로 바쁜 과수원의 분주한 일손을 보니 한가한 나그네길이 조금은 미안하고 죄스럽다. 하여 계획에도 없던 배 상자를 자동차 트렁크에 싣지 않을 수 없었다. 이제 여행은 시작에 불과하고 집으로 돌아가는 날은 언제가 될지도 모르는데….

소나무 우거진 섬진강 백사장은 가족들과 여름 휴가를 보내기에 안성맞춤이다. 개인적으로 전라도 땅을 좋아하는 이유라면 지리산과 섬진강 때문인데 그 외 다른 이유가 있다면 세상에서 단 하나뿐인 내 단짝의 고향이 전라도라는 지극히 사적인 이유도 한 몫 했을 것이다. 주위에는 어머니 같은 지리산이 병풍처럼 둘러쳐 있고 섬진강나루터, 송림공원, 평사리공원, 하동일대와 쌍계사 주변의 소박한 정취들은 역사적인 배경을 들먹거리지 않더라도 섬진강을 제외하고는 생각할 수 없는 풍경들이다.

가문 섬진강을 따라가며 보라/퍼가도 퍼가도 전라도 실핏줄 같은/개울물들이 끊기지 않고 모여 흐르며/해 저물면 저무는 강변에/쌀밥 같은 토끼풀꽃,/숯불 같은 자운영꽃 머리에 이어주며/지도에도 없는 동네 강변/

섬진강 주변의 작은 나루터.

식물도감에도 없는 풀에/어둠을 끌어다 죽이며/그을린 이마 훤하게/꽃등도 달아준다/흐르다 흐르다 목 메이면/영산강으로 가는 물줄기를 불러/뼈 으스러지게 그리워 얼싸안고/지리산 뭉툭한 허리를 감고 돌아가는/섬진강을 따라가며 보라/섬진강물이 어디 몇 놈이 달려들어/퍼낸다고 마를 강물이더냐고,/지리산이 저문 강물에 얼굴을 씻고/일어서서 껄껄 웃으며/무등산을 보며 그렇지 않느냐고 물어보면/노을 띤 무등산이 그렇다고 훤한 이마 끄덕이는/고갯짓을 바라보며/저무는 섬진강을 따라가며 보라/어디 몇몇 애비 없는 후레자식들이/퍼간다고 마를 강물인가를.

- 김용택의 詩 〈섬진강. 1〉 -

가룽가든은 하동으로 드는 19번 국도변 강가에 위치한 제법 큰

주인을 기다리는 빈 배, 수문리에서.

식당이다. 어느 통계자료에선가 우리 나라 사람들은 가든이라는 말을 매우 선호한다고 했는데 가룡가든은 섬진강가에 자리 잡은 식당이라 하여 가든이라는 말을 붙인 것은 아닐까? 앞에서 보는 것과는 달리 식당 뒤쪽으로 돌아가면 그 큰 나무에 가지가 찢어지도록 열매를 단 서양다래(키위)가 머리 위를 온통 가리고 있어 후원에서도 하늘을 보기는 어렵다. 후원에 앉아 섬진강에 발목을 적시며 식사를 기다리다가 마음이 통하면 익은 다래 한두 개쯤 슬쩍 해도 나무랄 사람은 없을 것이다. 다래나무 아래에서 재첩국이나 은어튀김을 즐기는 맛은 그래서 색다를 수밖에 없다. 그곳은 식당 바로 아래 참게나 재첩을 잡은 배들이 들고나는 곳이어서 섬진강에 삶을 기댄 어부들의 살아 있는 현장을 그대로 볼 수 있는 곳이기도 하다. 한 가지 특징적인 것은 이 식당뿐 아니라 강 마을 주변에는 마당에 자갈이나 흙 대신 콩 알갱이만한 재첩껍질을 깔아두는데 걸음을 옮길 때마다 바스락거리는 소리가 재첩의 맛을 더해준다. 가룡가든 수족관은 은빛은어와 참게들이 손님을 부르고 식당 앞의 메뉴(재첩진국, 재첩회, 녹차 재첩수제비, 녹차 참게탕, 참게찌개, 참게정식, 메기탕, 은어회, 은어튀김)만 봐도 그곳이 어딘지 단번에 감 잡을 수 있다.

  가끔 지도에도 없는 길을 꿈꾸었다면 전라도 땅은 들러볼 곳이 넉넉하다. 염두에 두어야 할 것이 있다면 길이 불편하고 도시에서 먼 곳일수록 유리하다는 것. 아직 남아 있는 옛터와 인심 후한 노인들이 사는 마을에 들러 한 며칠 민박을 하며 평화로운 그들 삶

▲ 하늘을 찌를 듯한 '하동송림'의 소나무들.

◀ 수확을 앞둔 배밭

  속으로 스며보는 것도 좋을 것이다. 바다나 강이 있는 포구마을과 산촌마을의 정취를 느끼기에 이곳은 여전히 위안이 되는 그런 곳이다.

  하동에서 남해로 이어지는 국도는 우리 나라의 전형적인 시골 정취를 한껏 느낄 수 있는 매우 서정적인 도로다. 봄이면 벚꽃이 터널을 이루고 가을이면 누렇게 익은 벼들이 휘청거리는 계단식 논을 따라 달리다 보면 무료할 틈도 없이 왼편으로 불쑥 바다가 나타나는데 길 끝에서 샛길을 따라 우회전하면 바로 바다마을 수문리다. 좁은 숲길을 따라 수문리로 내려서면 멀리 광양제철이 나타나고 하동 화력발전소 굴뚝이 손에 잡힐 듯 가깝다. 수문리포구는 호수처럼 조용하고 살가운 곳이다. 마을 앞 바다에선 숭어, 농어떼가 하늘로 날아오르고 가두리 양식장 주변에는 갈매기들이 떼지어 먹이를 찾는다. 저녁때가 되었지만 사람은 보이지 않고 길가에 묶어 놓은 바둑이만 심심한 듯 짖어댈 뿐, 마을은 물 속처럼 고요하다. 그러나 수문리를 돌아 나와 조금만 더 달리면 공중에 우뚝 솟은 남해대교가 반갑게 맞아준다. 남해를 생각했다면 이 다리를 건너야 하는데 다리를 건너면 임진왜란 때 충무공이 왜군과 치열한 전투를 벌이다 전사한 바로 그곳, 노량마을과 이락사가 기다린다.

TOUR POINT

섬진강 전북 진안군 백운면에서 발원하여 전북 남동부와 전남 북동부, 경남 남동부를 흘러 남해 광양만으로 흘러드는 총 길이 212.3km로 우리 나라에서 아홉 번째로 긴 강인 섬진강은 노령산맥의 동쪽 경사면과 소백산맥의 서쪽 경사면인 전북 진안군 마이산에서 발원한다. 강은 지류를 따라 순창군 적성면의 오수천과 만나고 남원시의 요천과 합류하여 보성강과 섞여 하동군 화개면 탑리에서부터 경상도와 전라도의 경계선을 이루며, 마이산·남원·곡성·구례·하동을 거쳐 광양만으로 흘러간다. 예부터 섬진강은 모래가람, 다사강, 사천, 기문화, 두치강으로 불릴 만큼 고운 모래로 유명하다.

화개장터와 평사리 하동으로 들어서면 곧 화개장터를 만난다. 왼편으로 지리산 쌍계사로 들어서는 길의 시작 부분이 곧 장터이다. 장날이 아니라면 장터가 어딘지도 모르고 투덜대며 돌아나올지도 모르는, 그런 자그마한 곳이다. 화개장터 앞 섬진강에는 화개나루가 있다. 화개에서 계속 남으로 향하면 박경리 선생의 소설 『토지』의 배경이 되는 악양면 평사리가 보인다. 이 앞의 강은 너른 모래사장으로 유명하다. 잠시 차를 세우고 조심스럽게 강으로 내려서면 탁 트인 섬진강에 발을 담글 수도 있다.

하동송림 19번 국도를 타고 계속 내려가면 하동송림이 나온다. 드넓은 모래사장과 솔밭이 여름철 휴양지로 안성맞춤이다. 강 위에는 전남 광양으로 이어진 섬진교가 있고 그 아래로는 섬진철교가 있다. 여기서 계속 남으로 향해 남해를 만나면 하동포구 80리 길이 마무리된다.

둘러보기	지리산, 용호정, 쌍계사, 남해 충렬사, 이락사, 매화마을, 서시천 등
먹거리	재첩진국, 재첩회, 녹차 재첩수제비, 녹차 참게탕, 참게찌개, 참게 정식, 메기탕, 은어회, 은어튀김
놀거리	등산, 낚시
가는길	경부고속도로 - 대진고속도로(대전~진주) - 진주 - 남해고속도로를 타고 광양, 순천을 향해 가다 하동 IC - 하동
문 의	경상남도 하동군청 홈페이지 http://www.hadong.go.kr/

Section 07

"저기 보이는 입석리 바로 저기서 얼마 안 가면 내 고향이여, 그런데 내가 왜 아직도 여기서 이러고 있는 지 모르겠네, 마음 같아서는 저기 철조망도 없는 바다를 조금만 헤엄치면 넘어갈 수 있을 텐데…." 노인은 말끝을 흐리고 있었다.

통일전망대 에서 걸음이 묶인 나는

남한의 최북단 대진 포구에서 속초 양양까지

바다를 보면서 그 바다 한가운데로 **마음의 길**을 내야겠다는 생각을 했다. 아니 가운데가 아닌 바다 속으로 길을 낸들 무슨 상관이랴 싶기도 했다. 언젠가 저 멀고 깊은 바다의 길로 나의 벗들을 **초대**할 수만 있다면. 그러나 지금은 얇고 투명한 **햇살** 속으로 알몸으로 걸어가고 싶은 아침이다

浦口

한겨울에 기다리는 눈은 안 오고 난데없이 무슨 비람!

우중이지만 지프에 올라 액셀러레이터를 밟는 오른 발바닥의 감이 상쾌하다. 장거리를 출발할 때의 느낌은 대체로 두 가지다. 한 가지는 갈 길이 멀다는 뿌듯한 위로이고, 다른 한 가지는 약간의 두려움인데 이는 두 가지 모두 긍정과 부정의 의미를 담고 있지만 냉정하게 말하자면 저울은 일방적으로 긍정의 추에 쏠려 있다.

쏟아지는 비의 양이 만만치 않다. 골목을 빠져나가자 차의 와이퍼가 비의 양에 따라 알아서 속도를 조절해주는 영리함이 새삼 고맙고 기특하다. 시내를 벗어나는데 예상보다 많은 시간이 걸렸다. 차들은 서로 엉켜 신호가 있는 사거리를 무단 점거한 채 누구도 양보할 생각이 없어 보인다. 나만이라도 하는 마음에 건너지 않고 기다리는데 뒤에서 난리다. 너만 뭐 그렇게 잘났냐. 그래서 떠밀려가 나도 엉키고 그도 엉켜 얻는 게 무엇이라고.

고속도로에 들어서서도 정체는 한동안 이어졌다. 두어 시간이 지나도 빗방울은 가늘어질 기세를 보이지 않는다. 속도를 조금만 내도 차가 휘청거려 야릇한 흥분을 안긴다. 바람 때문이다. 잎이 없는 벌거숭이 빈 산에 달려가는 바람이 보인다. 무심하게 있다가도 늘 놀라게 되는 것은 저와 같은 자연의 모습이다. 정말 바람은 세상 구석구석 머물지 않은 곳이 없다.

원주를 지나 달리다보니 짙은 녹색의 나무들은 마을 앞까지 사이좋게 손을 잡고 내려와 있다. 자세히 보니 역시 소나무다. 이건 소나무에 대한 예의가 아니지만 아직은 좀 어려서인지 믿음직스럽기보다는 사랑스럽다. 그런데 저 어린것들이 무슨 맘으로 의식을 놓지 않고 삭풍의 계절을 저토록 잘 견디는지.

둔내를 지나자 드디어 비가 눈으로 바뀌었다. 잠깐 사이 눈에 보이는 모든 세상이 광폭한 눈보라다. 그러면 그렇지, 이래야 겨울 강원도지, 혼자 쾌재를 부른다. 그러나 미끄러운 길을 염려해야 할 나는 운전자가 아닌가. 횡성휴게소에 도착했을 때 눈은 폭설로 바뀌어 천지를 백색으로 만들어 놓았다. 더러운 것도 추한 것도 없다. 모두가 태초의 그곳처럼 순결하고 깨끗하다. 커피 한잔의 유혹을 피할 수 없다. 사람들은 여기저기서 엉덩방아를 찧고, 매점에서 모락모락 김을 피우는 찐빵이 마치 부풀려놓은 눈송이 같다는 잠시 동화적인 감상에 젖는다. 눈앞에서 미끄러져 넘어지는 사람을 보자 내 다리도 알아서 잔뜩 긴장한다. 그리고 펑펑 쏟아지는 눈을 보며 생각한다.

지금 단 한 번뿐인 여기 내 생은 얼마나 소중하고 눈물겨운가!

속초에 도착, 울산바위가 한눈에 보이는 전망 좋은 휴양촌에다 짐을 풀었다. 짐 속에는 식사를 해결할 수 있는 약간의 음식재료와 과일이 있고 충분한 커피도 있다. 또한 읽다만 두 권의 책과 노트, 여벌의 신발과 털모자, 그리고 마음의 자유, 쓰고 싶으면 쓰고 놀고 싶으면 놀고 절망하고 싶으면 절망할 수 있는 여기서 더 바라서 무엇하겠는가. 그러나 진정 속초가 좋은 건 바다도 있고 산도 있다는 것.

어제와는 다르게 오늘 속초항은 아무 영문도 모른 채 잠에서 막

낙산사 의상대에서 내려다본 포구 모습.

청초호에서 본 동명항, 항구로 돌아오는 배를 보면 힘이 느껴진다.

깨어난 아가처럼 해맑다. 나는 바다를 보면서 그 바다 한가운데로 마음의 길을 내야겠다는 생각을 했다. 아니 가운데가 아닌 바다 속으로 길을 낸들 무슨 상관이랴 싶기도 했다. 언젠가 저 멀고 깊은 바다의 길로 나의 벗들을 초대할 수만 있다면. 그러나 지금은 얇고 투명한 햇살 속으로 알몸으로 걸어가고 싶은 아침이다.

오늘 일정은 내가 자동차로 갈 수 있는 동해 남한의 최북단 통일전망대다. 속초를 출발하자 길은 봉포, 천진, 청간정, 천학정, 백도, 심포, 송지호, 죽도, 공현진, 가진, 반암, 거진(거진항), 화진포(해양박물관), 대진, 마차진, 명파에서 다시 통일전망대로 이어진다. 화진포를 통과하고 역사안보전시관에 들려 15분짜리 금강산 이모저모를 소개하는 안보영화를 보고 간단한 절차를 밟은 다음 통과할 수 있다. 그곳에서 강원도 세부 지도 한 장을 구하고 근처 돌아볼 만한 포구를 묻자 거진항을 추천해 주는 참한 아가씨의 강원도 발음이 정겹다. 통일전망대, 아이들 손을 잡고 방문한 것이

벌써 10년도 더 된 일이다. 그러나 이제는 세상이 달라졌다. 훤히 뚫린 육로로 남쪽 사람들 보란 듯 금강산을 다녀오질 않는가. 전망대에 올라서니 말끔한 길이 한눈에 들어온다. 눈이 따라갈 만큼 가다가 걸리는 곳은 역시 군사분계선 위의 철조망이다.

오백 원짜리 동전 하나를 넣고 망원경으로 볼 수 있는 곳은 한국군 G.P. 금강산 2천 봉우리, 일출봉, 채화봉, 육선봉, 집선봉, 세존봉, 옥녀봉, 신선대, 한국군 관측소, 월비산, 북한 전망대, 감호, 구천봉, 북한의 위장마을 입석리, 말무리 반도, 현종암, 만물상, 복선암, 부처바위, 사공바위, 외추도, 해금강이다. 그러나 오늘은 동전을 굳이 넣을 필요도 없다. 날씨가 좋아 육안으로도 선명한 관측이 가능했기 때문이다. 안내자의 말에 따르면 1년에 며칠 안 되는 그것도 오늘 같은 겨울철에나 가능한 일이라고 한다. 그러니 얼마나 공평한가. 추위를 뚫고 힘들게 거기까지 간 수고가 헛되지 않아 저리 맑은 금강산을 두루 볼 수 있으니. 나는 안내자의 절도 있는 설명을 듣다가 갑자기 말 잘 듣는 어린이처럼 열심히 고개를 끄덕인다. 늘 조금은 삐딱한 나도 오늘만큼은 모범생이 된 기분이다.

전망대로 오르니 길게 북쪽 해금강으로 이어지는 해안선이 눈부시게 아름답다. 그 반대 방향인 남쪽으로 휘어져 내려온 명파해수

통일전망대에서 본 북쪽의 해금강, 육로가 훤히 뚫려 있다.

욕장의 해안선도 아름답기는 마찬가지다. 군인 막사엔 '통일'이라는 낯익은 글귀가 붙어 있고 전망대 앞뜰에는 홍보용 군사전시물들이 여기저기 비치되어 있다. 이색적인 것은 매점의 물건들이 대개 북한 산으로 표기되어 있다는 것이다. 한때 중국을 통해 백두산 천지를 보고 내려오는 연길에서 보았던 술이나 잣, 혹은 수공예품 같은 상품들이다. 그만큼 북한과의 무역도 이제는 자유롭게 합법적으로 이루어지니 그때에 비하면 우리는 또 얼마나 좋은 시절에 살고 있는가.

지쳐서일까? 이제 사람들은 통일에 별 집착을 보이지 않는다. 금강산 여행이나 남북한 자유 무역을 빌미로 왕래가 잦아지면서 이만큼이 어딘데 하며 주춤해 있는 듯하다. 그러나 이건 실향민들의 심정을 헤아려주지 못하는 매우 이기적인 사고가 아닐 수 없다. 이남 강원도에서 해금강으로 잇는 육로기 저렇게 훤히 뚫린 것처럼 오랜 실향민의 체증도 시원하게 뚫리는 그 날이 빨리 왔으면 싶다. 그게 소원인 사람이 어디 한둘이겠는가.

매서운 추위도 아랑곳 하지 않고 전망대에서 해금강을 바라보며 시선을 떼지 못하는 노인을 만났다. "저기 보이는 입석리 바로 저기서 얼마 안 가면 내 고향이여, 그런데 내가 왜 아직도 여기서 이러고 있는 지 모르겠네, 마음 같아서는 저기 철조망도 없는 바다를 조금만

통일전망대에서 본 남쪽의 명파해수욕장.

헤엄치면 넘어갈 수 있을 텐데….″ 노인은 말끝을 흐리고 있었다. 노인이 헤엄이라도 쳐서 가고 싶은 저곳을 나는 내 두 발로 걸어서 가고 싶다. 금강산과 백두산 모두모두 걸어서.

햇살은 투명하나 송지호의 겨울 갈대는 쓸쓸함을 더한다. 금강산의 정기를 받은 호수가 해송 사이로 빛을 뿜고 사람들은 동화 속처럼 이끝에서 저끝으로 총총히 사라진다. 김일성 별장과 이승만 별장이 있는 곳, 고즈넉한 아름다움이 한때 외로운 독재자의 휴식을 가늠하게 한다.

풍경이 풍경을 만들고 지우는 송지호와 화진포 해양박물관, 세계 각국에서 수집한 조개류와 여러 종류의 물고기들이 사는 수족관, 그리고 다양한 물고기 화석. 그런데 나는 물고기들과 좀 사귀느라 너무 많은 시간을 빼앗겨버렸다. 살아 있는 것들은 살아 있음 그 자체로 신비롭다. 내가 좋아하는 건봉사는 다음으로 미룬다. 아니면 돌아갈 때 진부령을 경유하던가. 실은 구룡령을 넘고 싶지만.

남한의 가장 동북쪽에 위치한 대진항은 작고 아담하다. 그에 비해 거진항은 한때 퍽 많은 배들이 출항을 하던 제법 큰 항구였는데 계절 탓인지 활기찬 모습은 찾을 수 없고 몇몇 어부들이 바람을 피해 양지 쪽에서 그물을 깁고 있을 뿐 포구는 한산하다.

근처에서 가장 활기찬 항구를 꼽으라면 역시 사람이 많은 속초의 동명항이다. 동명항은 언제나 들고나는 배들로 북새통을 이룬다. 누가 봐도 항구가 이 정도는 되어야지 하게 만든다.

속초에 머물면서 낙산사를 외면할

청초호에선 설악산이 한눈에 들어온다.

통일전망대에서 본 금강산 2천 봉우리.

수는 없다. 내 마음을 끄는 것은 7층 석탑과 동양 최대라는 해수관음보살상과 이름난 의상대도 좋지만 그보다 더 좋은 것은 오래된 토담과 고목들이다. 홍련암은 바다를 끼고 있는 우리 나라에서 몇 안 되는 기도도량이다. 법당 바닥에 손바닥만하게 뚫려 있는 유리구멍을 향해 머리를 조아리며 사람들은 연신 절을 한다. 영험한 기운을 받을 수 있으리라는 믿음이 그들을 절하게 하는 것이리라.

여름이면 연꽃을 볼 수 있을 연못은 두꺼운 얼음으로 제 속을 감추고 있다. 하지만 추위가 누그러지년서 뭔가 착오를 일으킨 건지 매화나무에 매화가 망울을 터트리다가 놀라 그만 얼음꽃이 되었다. 꽃봉오리의 상처는 누가 만져줄까.

바닷바람이 차다. 거대한 해수관음보살상 앞에 한 초로의 남자가 경내를 모두 둘러보고 그 자리에 다시 갔을 때까지 적어도 2시간이 넘도록 절을 멈추지 않고 있다. 절박한 사연이 있을 터다. 그에게 힘을 실어줄 수만 있다면 그 무엇이라도 함께 나누고픈 마음이다.

낙산사에서 일반인들을 위한 체험프로그램으로는 '산사의 하루' 라는 제목으로 소리체험, 참선체험, 108배체험, 묵언수행체험, 문학체험, 발우공양, 다도체험 등이 있다고 하는데 듣기만 해도 구미가 당기는 메뉴다.

사람들이 떠나고 없는 바다는 화장기가 없는 원시처녀의 모습이다. 화장기 없는 맨 얼굴, 저 청순함이라면 누구라도 예뻐하지 않을 수 없다. 사람들은 드물게 바다를 찾아와 삼삼오오 사진을 찍고 돌아가고 갈매기들은 제철인 양 활기차게 바다와 육지를 선회한다. 늘 가까이에서 보아 온 서해와는 너무나 다른 원시성, 바로 이것이야말로 동해가 가진 첫 번째 매력이 아니겠는가.

밤의 청초호는 휘황하다. 관광엑스포니 뭐니 하면서 청초호 주변으로 많은 시설물이 늘어나 외면하던 곳이었는데 사람이 뜸한 겨울이 되니 역시 호젓하기가 이를 데 없다. 청초호는 항구로 이어지는 구름다리가 생기면서 그럴듯한 명소가 되었다. 그러나 뭐니뭐니 해도 항구는 어선들이 북적대야 제 맛이 나는 것 아닌가.

낙산사 소나무 사이로 본 동해.

다음 날 아침 다시 갔을 때, 어부들은 그물을 손질하고 있었다. 요즘 무얼 잡느냐고 물으니 양미리, 도루묵, 명태 등이 잡힌다고 한다. 풍년이긴 하지만 별로 돈벌이가 안 된다는 말은 무엇을 의미하는 것일까? 그러나 역시 어부는 바다를 배경으로 있을 때 가장 믿음직스럽고 보기에도 좋다. 장작을 피우고 언 손을 녹이는 어부들의 어깨 너머로 새해 맑은 해가 두둥실 떠올랐다. 늘 떠오른 태양이지만 의미를 부여할 때만이 새로운 법, 그 날 수평선을 박차고 오르는 아침의 태양이 그랬다.

밤의 청초호가 환상 그 자체라면 낮에 만나는 청초호는 환상을 원근감 있는 실물로 보여준다는 것이 장점이다. 원반형의 둥근 청초호 뒤편으로 파노라마처럼 웅장하고 길게 펼쳐져 있는 설악의 봉우리들, 붉은 색 구름다리의 정점에서 보는 겨울 설악산의 풍광은 감탄조차도 쉬이 할 수 없도록 마음을 압도한다. 그래서 사람들은 산과 바다를 말할 때 강원도를 떠올리고 강원도 하면 또 속초를 생각하는지.

TOUR POINT

통일전망대 고성 통일전망대는 동해안 최북단 강원도 고성군 현내면 명호리의 해발 70m 고지 위에 위치하고 있다. 해발 70m 지점에 위치한 전망대는 금강산이 가깝게는 16km, 멀리는 25km 정도 거리로 해금강은 대부분 지역이 한눈에 들어온다. 또 해금강 주변의 섬과 만물상(사자바위), 현종암, 사공암, 부처바위 등도 조망할 수가 있다. 중앙의 산악 능선을 바라보면 금강산 1만 2천봉의 마지막 봉우리 구선봉(낙타봉)과 선녀와 나무꾼의 전설을 지닌 감호를 볼 수가 있다. 이외에도 일출봉, 채하봉, 육선봉, 집선봉, 관음봉 등이 보인다. 금강산 최고봉인 비로봉은 맑은 날씨에만 모습을 드러낸다.

설악산 남한에서 한라산, 지리산에 이어 세 번째로 높은 산으로 웅장하고 아름다운 명산이다. 또한 기암괴석이 많아 울산암, 천화대 범봉, 칠성봉 등은 산악인들의 암벽훈련장으로 인기가 높으며 우리 나라 3대 폭포의 하나인 대승폭포를 비롯해 토왕성, 대승, 소승 등의 폭포는 겨울철 빙벽훈련장으로 많은 산악인들의 사랑을 받고 있다.

건봉사 고성군 거진읍 금강산 남쪽에 위치한 건봉사는 신라 법흥왕 7년(서기 520년)에 아도화상이 원각사라는 이름으로 창건한 후, 고려 공민왕 7년(1358년)에 송용화상이 건봉사로 중수하였으며, 세조가 원당으로 정하고 어실각을 건립하기도 한 한국 불교의 성지로서 선교 양종 대본산으로 지정되었다. 지금의 신흥사, 낙산사, 백담사가 모두 건봉사의 말사인 것으로 알려지고 있다.

화진포 화진포는 남한에서 가장 북쪽에 위치하고 있으며 겨울 알프스 눈처럼 맑은 백사장을 중심으로 하여 기암괴석이 신비로운 병풍으로 둘러진 소나무 숲 호수이다. 호수 주변은 옛부터 풍치가 아름다워 해방이후의 김일성 별장과 한국전쟁 이후의 이승만 별장이 아직 남아 있다.

낙산사 우리 나라 제일의 관음기도도량으로 탐방객이 끊이지 않는 사찰이다. 아울러 이곳은 설악권의 대표적인 명승지로도 이름이 높다. 해안쪽으로 길게 뻗은 산 중턱에 위치하고 있는 낙산사에서는 망망대해 동해, 해안절벽, 끝없이 이어진 낙산일대의 백사장이 연출하는 최고의 풍광을 감상할 수 있다.

둘러보기	통일전망대, 명파해수욕장, 대진항, 화진포 해양박물관, 역사안보전시관, 화진포, 거진항, 송지호, 청간정, 설악산, 속초항, 대포항, 낙산사, 중앙시장, 동명항, 대포항 등
먹거리	황태찜, 송이버섯, 가자미 식혜, 가리비, 양미리소금구이, 도치(씽퉁이)찜, 막국수, 명태찌개, 각종 생선
놀거리	박물관 둘러보기, 바다낚시, 수산시장 둘러보기, 해수욕장, 등산
가는길	**승용차** 영동고속도로 - 주문진 IC - 양양 - 속초 - 거진 - 대진 **대중교통** 서울 - 속초 - 통일전망대
문 의	한국관광공사 여행안내 http://www.visitkorea.or.kr http://toursorak.com/

Section 08

지금까지 조용한 포구만을 고집해 왔다면 이쯤에서 한번쯤 정신이 쏙 빠져나갈 만큼 소란하고 부산한 항구에 몸을 맡겨보는 것도 괜찮을 것이다.

사람냄새 가득한 주문진항

들어 봤나요? 오징어 울음소리

누구나 주문진에 간다고 통곡처럼 내뱉는 **오징어 울음소리**를 들으며, 언젠가 떠날 자신의 시간을 쓰라리게 가늠해보지는 않을 것이다. 돌아오면서도 자꾸만 고개를 갸웃거리게 했던 알 수 없는 그 천막카페의 **커피값**. 나는 바다와 함께 커피를 마신 게 아니라 한 **청년의 꿈**과 마음을 마신 것은 아닐까?

浦口

생선비린내

그리울 때 생각나는 곳이 있다면 부산 자갈치시장 다음으로 주문진포구다. 그러나 주문진포구 했을 때 건져지는 단어는 단연 오징어다. 언제부턴가 풋풋한 비린내 진동하는 그곳에서 꺽꺽 대는 오징어 울음소리를 들어야 비로소 주문진임을 실감하곤 했었다. 나는 바쁜 친구를 꼬드길 때도 "바다나 보러갈까?" 혹은 "주문진 갈까?" 그렇게 하지 않고 "우리 오징어 만나러 갈까?" 그렇게 제안한다.

좁은 수족관에서 멱살 잡혀 도마 위에 내동댕이쳐진 오징어는 안간힘으로 반항하다 안 되겠다 싶은지 질척대는 다리의 흡반으로 모서리를 부여잡고 어떻게든 힌 번 튀어보려고 발버둥을 치다 마지막으로 검은 눈물을 쏟으며 통사정하고 있다. 한 생명이 삶과 죽음이라는 절대절명의 갈림길에 놓여 있다면 저 정도의 몸부림이야 본능일 터, 예상했던 일이긴 하지만 그 날 따라 오징어 울음소리는 왠지 슬프다 못해 아프다. 그러나 칼자루를 쥔 아저씨는 단숨에 배를 가르고 보란 듯 내장을 드러낸다. 그렇게 하여 오징어의 생은 간단히 도마 위에서 끝이 나고.

누구나 주문진에 간다고 통곡처럼 내뱉는 오징어 울음소리를 들으며, 언젠가 아무리 발버둥 쳐도 떠날 자신의 시간을 쓰라리게 가늠해보지는 않을 것이다. 생각해 보니 나는 도마 위에서 간단히 끝나는 생이 가여웠던 게 아니라 꺽꺽 대는 오징어 울음이 내처 마음에 거슬렸던 것 같다. 평소 즐기는 오징어였지만 언제부턴가 오징어가 발악적으로 내뱉는 절규가 괴로워 수족관을 기웃거리면서도

▲ 어판장 곳곳에 생선이 널려 있다.
　소비자를 기다리는 상인들. ▶

　정작 오징어를 쉽게 선택하지 못한 것은 아닐까? 그 날 마침 며칠째 태풍으로 배가 뜨지 못해 오징어가 없다는 말이 그토록 위로가 되기도 처음이다. 주문진까지 가서 오징어회를 맛보지 못한 것은 아쉽지만 대신 오징어 울음소리를 듣지 않아 위안이었다.

　지나가는 차를 쳐다만 봐도 멀미를 피할 수 없던 때가 있었다. 자동차를 거의 타볼 기회가 없었던 예전, 나는 가까운 친척집에라도 가려면 쓴 가루약을 한 입 가득 털어넣고도 매스꺼운 속을 참을 수 없어 다시는 차를 타지 않겠노라 다짐을 하고 또 했었다. 생은 참으로 아이러니여서 그런 내가 몇 십 년 후 세상을 떠돌아다닐 여행자가 되리라고 누가 상상이나 했겠는가. 운전 경력이 만만치 않은 지금도 배들이 정박해 있는 항구에 가면 보기만 해도 아련한 멀미를 피할 수 없다. 그것은 버스나 기차를 타고 있을 때 건너편 차가 움직이기 시작하면 가만히 있어도 내 차가 움직이는 듯한 그런 착각과 비슷한 현상일 것이다.

 삶이 절망으로 가득 찬 사람이라면 새벽포구에 가보라 등을 떠밀고 싶다. 주문진포구는 하루 종일 생선 비린내로 진동하는 바다와 물 좋은 생선을 사기 위해 전국 각지에서 몰려든 사람들로 북새통을 이룬다. 규모도 규모지만 동해에서 주문진처럼 활기찬 항구도 드물다. 지금까지 조용한 포구만을 고집해 왔다면 이쯤에서 한번쯤 정신이 쏙 빠져나갈 만큼 소란하고 부산한 항구에 몸을 맡겨보는 것도 괜찮을 것이다. 이왕 주문진에 갔다면 구경만 하지말고 강원도 아주머니들의 구수한 사투리를 들으며 입맛 돋울 생선을 골라 그 자리에서 회를 떠 맛보는 것도 좋다. 바로 잡은 생선이라 싱싱하고 저렴한 값이 장점인 것은 두말할 나위가 없겠다. 그렇게 하루 온몸에 살아 있는 비린내를 바르고 돌아오면 무료했던 일상은 어느새 활기찬 모습으로 변모해 있을 것이다.

 주문진항에서 북쪽 해변도로를 따라 조금만 올라가면 작은 해수욕장이 있는 마을이 소돌(牛巖)이다. 지난 여름

해수욕장이 개장되기 며칠 전 주문진항을 돌아 소돌마을 천막카페에서 마냥 바다를 바라보던 날이 있었다. 그 날, 여름 장사를 눈앞에 둔 청년의 손길은 바빠 보였다. 메뉴판을 들고 나타난 그는 자동차 번호판을 보더니 그 지방 사람이 아님을 단번에 눈치챈 듯 "먼 곳에서 오셨구만요!" 하고 강원도 그 특유의 억양으로 말을 걸어왔다.

　청년의 태도는 예의바르고 지적이었으며 표정 또한 진지하면서도 무겁지 않아 커피 한잔을 시켜놓고 전망 좋은 자리에 앉아 바다를 보는 시간이 너무 빨리 지나가 아까울 정도였다. 그는 문학에 관심이 많고 정치·경제에도 소신을 갖고 자신의 철학을 들려주었다. 그가 주변적인 이야기를 할 때도 세속의 흔적은 찾아볼 수가 없었다. 그의 조리 있는 화법은 말수가 적었음에도 아주 많은 말을 주고받는다는 느낌이 들게 했다. 어느 한 쪽으로도 시선이 치우치지 않고, 그렇다고 자기 안에 갇히지도 않은 올곧고 예의바른 청년과 대화를 나누는 일이 나 같은 여행자에겐 얼마나 드물게 찾아오는 행운인지.

　나는 그가 끓여준 커피 맛이 썩 좋았다고 인사했고 그는 태어나서 한 번도 그곳을 떠나지 못했지만 여전히 바다가 좋다는 낭만적

연곡을 지나 주문진항으로 가면서 만난 해안가 풍경.

해안가로 밀려온 해초들을 사람들이 건져 말리고 있다.

인 말로 인사를 대신했다. 커피가 바닥이 나고 돌아갈 시간이 되어 지갑을 열고 차값을 물었을 때 나는 귀를 의심할 수밖에 없었다. 친구와 내가 마신 두 잔의 커피값이 천 원이라는 것이었다. 세상에, 이 근사한 바닷가에서 아직도 단돈 오백 원으로 두런두런 세상 흘러가는 이야기를 주고받으며 그윽한 차를 마실 수 있는 카페가 있다니! 돌아오면서도 자꾸만 고개를 갸웃거리게 했던 알 수 없는 그 천막카페의 커피값. 나는 바다와 함께 커피를 마신 게 아니라 한 청년의 꿈과 마음을 마신 것은 아닐까? 줄 수 있는 한 가장 후한 점수를 그에게 주고 싶었던 건 강원도 하면 본능적으로 편애하는 심리가 작용한 탓일지도 모른다.

관능적이고 쾌락적인 여름 바다를 좋아하지 않는 대신, 나는 지금처럼 9월의 푸른 새벽과 11월의 아침을 좋아하고 어두운 낮보다는 밝은 밤을 사랑한다. 칸나와 맨드라미꽃의 천박한 욕정을 사랑하지 않은 대신 나는 눈을 마주보고 숨결을 느끼는 대화를 좋아하고 그보다는 사색이나 침묵이라는 이름의 자유를 더 좋아한다.

어느 땐 소돌마을 갯바위에서 어느 낚시꾼의 낚시에 걸려든 눈먼

바다새들이 한 반향으로 서서 누군가를 기다리는 듯하다

수협위판장의 생선들.

경매가 끝난 주문진 수협위판장.

고기를 간섭하기도 했었고, 근처 군부대에서 순찰 나온 군인과 시도 때도 없이 부는 동해의 바람에 대해 이야기 한 적도 있었다. 바다는 늘 같은 바다가 아니었다. 어느 땐 바닥을, 어느 땐 변심한 애인처럼 속마음을 알 수 없었다. 포구 횟집에서 만난 어느 아저씨는 이제 소돌마을 사람들은 대부분 어업을 포기한 채 그곳을 찾아오는 뜨내기 여행자들에게 방을 빌려주거나 횟집을 운영한 수입으로 생계를 꾸려간다고 했다. 고기만 잡아도 별 아쉬움이 없었던 옛날에 비하면 지금은 적지 않은 돈을 손에 쥐고도 더욱 척박해진 삶의 원인이 무언지 모르겠으나 분명 잘못된 것 아니냐는 탄식은 긴 여운을 남겼다. 그 날 돌아오는 차안에서 나는 애끓는 조용필의 노래 '킬리만자로의 표범'을 듣고 또 들었다.

"바람처럼 왔다가 이슬처럼 갈 순 없잖아 내가 산 흔적일랑 남겨둬야지/ 한줄기 연기처럼 가뭇없이 사라져도/빛나는 불꽃처럼 타올라야지/묻지 마라/왜냐고 왜 그렇게 높은 곳까지/오르려 애쓰는지 묻지를 마라/고독한 남자의 불타는 영혼을/아는 이 없으면 또 어떠리~"

왜 이 노래가 느닷없이 끼어 들었는지 아무리 생각해도 답이 없다.

TOUR POINT

주문진항 주문리란 거문리, 방끝, 봉꾸리, 오릿나루, 약물골, 용소동, 소돌을 총칭하는 지명이다. 주문진항은 연안항으로 방파제 920m에 수면적 21만m^3이며 500여 척의 어선이 정박할 수 있으며, 900가구 4천여 명의 어민이 250여 척의 배를 보유하여 연간 15,442톤의 오징어·양미리·명태 등을 잡고 있다. 어획량이 특히 많은 오징어는 7~10월 사이에 많이 잡히는데 이때 오징어잡이 배의 불빛이 온 바다에 넘쳐서 바다가 휘황찬란한 네온사인을 보는 것과 같은 착각에 빠지게 한다.

주문진해수욕장 주문진 북쪽 1.5km쯤에 있는 백사장 길이 700m의 경사가 완만하고 물이 맑은 주문진해수욕장에 인근에는 가족호텔, 관광호텔, 여관, 민박 등 충분한 숙박시설을 갖추고 있다. 특히 동해안 최대의 어항인 주문진항을 끼고 있어 싱싱한 생선회를 맛보기 위해 이곳을 찾는 관광객이 많다. 백사장과 소나무 숲의 규모 또한 어느 해수욕장 못지 않을 뿐만 아니라 낚시터로도 인기가 높아 각종 시설이 짜임새 있게 갖추어져 있어 가족 휴양지로서 안성맞춤인 곳이다.

연곡해수욕장 연곡면 동덕리에 있으며 길이 700m, 5만 6천m^2의 넓은 백사장을 간직하고 있다. 특히 울창한 솔밭이 넓게 펼쳐져 있어 야영지로 최적지이다. 소금강과 진고개에서 흘러 내려오는 맑은 연곡천에서 은어를 낚는 즐거움을 맛볼 수 있다. 또 연곡천을 끼고 주변에는 먹거리 촌에서는 얼큰한 꾹저구탕, 맛깔스런 토종닭, 산채백반, 막국수 등을 먹을 수 있다. 소금강이 가까운 거리에 있어 등산과 해수욕을 함께 즐길 수 있는 천혜의 피서지이다.

둘러보기	어성전계곡, 장덕리 은행나무, 삼산리 소나무, 소금강
먹거리	오징어젓, 오징어순대, 오징어불고기, 반 건조 오징어, 도루묵찌개, 도루묵구이, 명태찌개, 명태찜, 회냉면, 비빔막국수, 가자미회, 오징어, 감자옹심, 삼숙이 매운탕
놀거리	바다낚시, 수산시장 둘러보기, 등산
가는길	**승용차** 영동고속도로 - 강릉 IC - 주문진(7번 국도) - 주문진해수욕장 **대중교통** 기차나 고속버스 - 강릉시내에서 주문진행 버스 이용
문 의	한국관광공사 여행안내 http://www.visitkorea.or.kr tour123 http://www.tour123.co.kr 강릉시티투어 http://tour.gangneung21.net

Section 09

나는 항구라는 말을 별로 좋아하지 않는다. 항구가 떠돌이 선원들이 잠시 기웃거리다 가는 곳이라면 포구는 돌아옴을 전제로 하는 안정감 있고 서정적인 공간이다.

호산포구와 은어낚시를 하던 월천강

바 다 에 번 지 를 둔 사 람 들

월천강은 영화 '흐르는 강물처럼'을 떠올리지 않더라도 누구나 그 강물에 발을 담그고 흘러가는 인생을 한번쯤 되새겨보고 싶은 그런 강이다. "강물 속에 또 강물이 흐르고…" 그렇게 심연을 건드리는 **정태춘의 노랫말**을 생각하지 않더라도.

浦口

포구에 찰랑거리는 햇살이 그냥 좋다고 말하기엔 너무나 예쁘고 사랑스러운 아침이다. 두 개의 등대가 서로 마주보고 있는 방파제 끝에 한 여자가 업고 온 아이를 내려 품에 안더니 주저 없이 젖을 물리고 있다. 여자가 앉아 있는 곳은 오른 편 흰 등대 아래인데 햇살이 눈이 부신 지 얼굴을 조금 찡그리더니 모자를 벗어 아기 얼굴에 쏟아지는 빛을 가려주고 있다. 모자 때문에 그나마 보일랑 말랑 하는 여자의 가슴살은 적당히 가려져 신비감이 더하다. 아직도 저렇게 가슴을 열고 제 아이에게 젖을 빨리는 모성이 있었다니, 그것도 제 집이 아닌 마을 사람들이 부산하게 움직이는 포구 방파제에서.

젖을 먹이는 동안 여자는 행복해 보였다. 아이가 편히 젖을 빨 수 있도록 가랑이를 벌리고 앉은 자세마저도 민망하기는커녕 오히려 안정감이 있어 보기에 나쁘지 않다. 어촌의 아침은 바쁘다. 그 바쁜 틈을 살짝 비껴 아기를 업고 나와 등대 아래에서 젖을 물리고 있는 여자. 아름다움이란, 저렇게 있어야 할 자리에 있어주는 것은 아닐까? 아기는 엄마 품에 등대는 바다의 품에.

나는 항구라는 말을 별로 좋아하지 않는다. 항구가 떠돌이 선원들이 잠시 기웃거리다 가는 곳이라면 포구는 돌아옴을 전제로 하는 안정감 있고 서정적인 공간이다. 한적한 포구에서 만나는 사람들이 정을 주고 싶은 토박이라면, 항구의 갈매기다방이나 파도 여인숙을 맴도는 사람들은 단지 하룻밤 연정을 바다에 심고 바람처럼 왔다가 사라지는 떠돌이일 것이다. 포구 냄새가 짙은 호산은 그래서 내게 포기할 수 없는 휴식과 피안의 다른 이름인지도 모른다.

소금기 때문인지 오늘따라 포구의 햇살은 알맞게 익은 과일처럼 싱그럽다. 한나절 포구를 돌아보고 갯바위에 앉는다. 긴 해안을 따라 파도가 밀려왔다 사라진 자리에는 어디서 나타났는지 갈매기들이 모여들기 시작했다. 처음 한두 마리로 시작된 파티는 파도가 해안까지 밀어놓은 새끼 멸치들을 잡아먹느라 소란스럽고 분주하다. 살아 있는 멸치가 해안가로 밀려온 것이 멸치의 뜻이 아니라면 바다의 뜻일까? 어찌 보면 멸치로 그들을 유인하는 일은 일도 아닌 듯, 먹이에 나약해지는 저들의 아름다운 본능 앞에서 나는 잠시 생각을 벗는다. 끼룩거리는 합창은 소란하지만 톤이 높고 빠른 리듬의 음악처럼 흥미롭다. 또한 그들은 지칠 줄 모르는 체력의 소유자들이다. 아무리 먹어도 배부르지 않은 먹이 때문인지, 그렇지 않다면 갈매기에게 살아 있는 멸치는 그저 놀이의 대상일 지도 모르는 일, 허나 대책 없이 넓은 바다를 터 잡아 살고 있는 갈매기지만 저 푸른 먹이 앞에 마냥 덤덤해질 수는 없었으리라.

　어두워지자 포구의 배들은 닻을 내리고 그물을 손질하던 어부들도 모두 돌아간 뒤에야 갈매기들의 수선은 조금씩 수그러들기 시작한다. 그들도 어딘가 돌아갈 집이 있고 그 집에 가면 한걸음에 달려나와 반겨줄 가족이 기다릴 것이다. 그곳이 수중궁전일지라도 저녁은 누구나 공평하게 날개를 접고 쉴 수 있는 안락한 시간을 부

등대에서 본 하호산마을.

여받으니 서로 부리를 맞대고 잠들 그들에게도 역시 낙원은 가족과 함께 지낼 수 있는 집이 아닐까?

전날 포구에서 본 표정이 해맑은 아이를 다시 만났다. 집이 어디냐 물으니 손가락으로 마을 안쪽을 가리킨다. 아이의 부모로 보이는 두 사람은 뱃전에서 그물을 손질하는 것 같더니만 잠시 후 아이에게 손을 흔들어주고는 바람처럼 바다로 떠났다. 울지도 웃지도 않고 담담하게 부모를 마중하는 아이의 얼굴에 갑자기 환한 기운이 감돌았다. 뒤편에서 오토바이소리가 나더니 우체부 아저씨가 소포 왔다며 아이의 이름을 부른 것이다. 아이가 우체부 아저씨를 향해 입을 귀에 걸고 달려가는 동안 나는 행복한 상상을 한다. 아마 아이는 제 어미가 바다에서 돌아올 때까지 소포의 내용물을 궁금해하며 열어볼까 말까 망설이며 하루를 보낼 것이다. 그리고 부모님이 돌아올 시간이면 포구로 뛰어나와 먼저 소포가 왔다고 알릴 것이다. 한참 후 아이가 경중경중 뛰어 마을로 사라지는 동안 나는 포구를 벗어나 황망한 바다로 길을 지우며 사라지는 작은 어선을 바라보고 있었다.

호산에 가면 해망산이라는 아주 작은 바다와 육지에 반반씩 제 몸을 맡긴 섬 하나가 있다. 그 섬을 중심으로 북쪽으로는 호산마을이고 남쪽으로는 월천마을이 이어지는데 한때는 모래언덕 위로 해당화와 메꽃이 사태처럼 백사장을 뒤덮던 곳이었다. 가시가 억세 사람들의 접근을 쉽게 허락지 않았으나 해당화를 아는 사람은 그 꽃향기가 얼마나 순수한 맛을 담고 있는지 알 것이다.

민박집 행랑채에선 바다가 손끝에 잡힐 듯 가깝다. 한 장 남은 달력에선 지난 여름 첫 만남을 가진 연인들이 다가올 어떤 기념일을 메모한 것일까? 서로 섞이지 않으려는 듯 동그라미가 두 개 그려져 있는데 하나는 빨간색이고 하나는 파란색이다. 그 포구에서 밤을 새워 파도소리를 듣다가 돌아간 젊은 연인들은 민박집 달력에 새겨 둔 그들의 기념일을 일상으로 돌아갔다고 하여 모두 잊진 않으리라. 혹, 저 동그라미 선명한 11월 27일이나 12월 8일은 그들의 100일 기념으로 다시 이 바닷가에 오겠다는 약속은 아닐까? 한 장 남은 달력은 그들이 다시 올 때까지 어떻게든 자리를 지키려는 듯 안간힘을 쓰며 매달려 있었다.

민박집 툇마루에 앉아 발을 뻗으면 곧장 바다에 닿을 것만 같은 그 집은, 명절 끝에 친구들과 울긋불긋 꽃무늬 캐시미론 이불 속으로 서로의 발가락을 포개며 이야기를 나누던 옛 풍경을 그대로 간직하고 있다. 웬 웃음은 그리도 많았는지, 초저녁엔 우리가 바다의 이야기를 들었다면 밤이 깊을수록 잠 없는 바다가 창 밑에 쭈그리고 앉아 우리의 이야길 들었다. 이렇게 철 지난 바닷가를 찾지 않더라도 포구 민박집은 누구에게나 친구들과 꿈을 섞으며 지낸 추억 몇 편쯤 간직한 곳이 아니던가.

누군가 아침 먹자는 소리에 벌떡 일어나 시계를 보니 8시다. 그러니까 파도소리 때문에, 온갖 추억을 들쑤시며 나를 못살게 한 즐거운 몽상 때문에, 잠을 이루지 못하다가 새벽에야 단잠이 들었는데, 파도는 나그네의 잠을 방해하기도 하지만 한번 곯아떨어지면 쉽사리 깨지 못하도록 무슨 수작을 부리기도 하는 모양이다.

서정적 분위기를 그대로 간직한 대나무 숲으로 이어진 오솔길을 따라 마을 뒷산으로 올라가면 한 30분 정도 걸을 수 있는, 노란색 야국이 무성한 산책로가 기다리고 있다. 수평선이 보이는 그곳을

투명한 바다물빛, 앞에 보이는 작은 산이 해망산이다.

걷다가 심심해질 때면 목청껏 노래를 불러도 좋으리라. 그리고 마을로 내려와 동네 할머니를 붙잡고 세상이야기를 청해도 좋다. 이 모든 배경에 반드시 함께 하는 건 두말할 필요도 없이 바다고 포구다.

담벼락에 우체통이 매달려 있는 포구 여인숙에서 한 달쯤 묵고 싶을 때가 있었다. 갈매기 다방의 김양을 꼬드겨 동네의 그럴듯한 노총각들의 숨은 이야기를 듣고 싶었고 그러다 심심하면 벗들에게 소금기 가득한 바다소식을 엽서로 쓰고 싶었다. 허나 이젠 어느 포구에서도 뱃고동소리와 비린내 가득한 풍경과 쪽창이 있는 아랫목이 잘잘 끓는 여인숙은 눈을 씻고 봐도 없으니 안타까울 뿐이다.

로버트 레드포드와 브레드 피트 주연의 영화 '흐르는 강물처럼'을 기억하는 사람이라면 당연히 플라이 낚시를 기억할 것이다. 이 영화는 미국의 몬태나를 배경으로, 서로 다른 두 형제를 중심으로 한 가족의 이야기를 흐르는 강물처럼 잔잔하게 그린 작품으로 그 영화에서 가장 인상 깊었던 그림은 역시 플라이 낚시다. 강물은 햇살에 반짝거리고 흐르는 강물 위에 긴 낚싯줄을 날리는 그림 같은 플라이 라인. 누구나 영화를 보면 루프의 아름다움에 반할 수밖에 없는, 미끼를 원하는 곳으로 던지는 것을 '캐스팅(casting)'이라 했던가. 영화 도입부, 노인이 된 주인공이 플라이 낚시를 하며 독백처럼 내뱉은 말 "이제 나도 회고록을 쓸 때가 되었지!"

두 형제를 통해 가족들의 이야기와 삶의 방식과 의미를 되짚는, 영화 속의 두 주인공은 사고하는 것부터 서로 다르지만 감독은 어느 한쪽으로 치우치지 않고 흐르는 강물처럼 두 인물을 평행선으로 놓고 접근하고 있다. 틈틈이 보여주는, 강에서 플라이 낚시하는 멋진 그림이 영화를 매우 영화답게 했던, 그리고 그들의 모습과 대화를 통해 삶이 무엇인지를 말하려 했던 사랑, 추억, 꿈, 가족과 죽음. 강물처럼 잔잔히 그렇게 흘러가고 흘러가는 우리의 생(生)….

기억 속에 단편으로 남아 있는 영화 '흐르는 강물처럼'은 아름다운 그야말로 흐르는 강물 같은 영상이 오래 남아 있는 작품이다. 나는 이 영화에서 송어를 낚는 플라이 라인을 보면서 강원도 최남단의 월천강을 떠올리곤 했었다.

영동고속도로를 타고 원주, 제천, 영월, 평창, 정선으로 가다보면 아름다운 동강이 길을 유혹하지만 눈 딱 감고 사북, 고한을 거쳐 다시 태백에서 통리, 신리, 풍곡에서 가곡을 지나 월천강이 흐르는 호산과 월천마을까지 가는 길은 차량이 많지 않아 호젓하기 이를 데 없다. 월천강이 바다와 만나는 지점과 나란히 있는 호산포구는 동해의 다른 항구에 비하면 외딴 섬에 온 듯 한적하다. 작은 고개 하나를 사이에 두고 원덕읍의 중심이

쪽빛바다에 낚시를 드리운 강태공.

포구에서 바라본 일출.

되는 호산과 월천이 나누어지는데 달려보면 호산보다는 월천강이 훨씬 크다는 것을 알 수 있다 예전, 월천강에선 유난히 많은 은어들을 볼 수 있었는데 지금도 바닥이 훤히 보이는 맑은 물이 가곡천을 따라 동해 바다와 만나는 이곳은 얼마 전까지만 해도 교통이 불편해 오지 중에 오지로 손꼽힐 만큼 한적하고 아름다운 곳으로 유명하다.

　전에 없던 길이 생기면서 사람들의 발길이 잦아 조금은 달라졌다고 하나 미리 실망할 필요는 없다. 월천강은 아직도 은어낚시를 할 수 있기 때문이다. 햇살을 등에 업고 흐르는 강물에 발을 담그고 낚시를 던지면 은어는 가짜 미끼를 따라 아무 의심도 없이 걸려들던 천진한 고기였다(은어낚시는 미끼나 떡밥을 쓰지 않아 물을 오염시키지 않고 고기를 잡을 수 있는 자연적인 방법이다). 고기에서 수박냄새가 난다고 하여 그 향을 좋아하는 사람들은 회를 즐기지만 고기 맛보다 강물에 플라이 라인을 그리며 줄을 던지고 거두는 은어낚

호산 마을 어디서나 이렇게 오징어 말리는 것을 볼 수 있다.

시의 재미는 어떤 것과도 비교할 수 없으리 만치 일품이다. 여름이면 더위를 피해 월천강을 가로지르는 길고 큰 다리 아래에서 물놀이를 즐겨도 좋겠지만 월천강이 좋은 것은 은어낚시를 하다 심심하면 강이 아닌 바다로 곧장 뛰어들 수도 있다는 것이다. 봄이 되면 사람들은 월천강에 나가 긴 여행을 끝내고 회귀하는 연어를 어렵지 않게 잡아 올리기도 했었다. 유년의 기억처럼 아련한 고향, 호산과 월천강.

 영화 '흐르는 강물처럼' 월천강은 나도 한때 오빠를 따라 플라이 낚시를 즐기던 추억의 강이다. 그때, 친구를 따라 월천교를 건널 때면 "엄마가 섬 그늘에 굴 따러 가면 아기가 혼자남아 집을 보다가 바다가 불러주는 자장 노래에 스르르 팔 베고 잠이 듭니다~"몇 번을 부르고 또 불러야 끝나는 다리였는데 이젠 자동차로 순간에 건너게 되어 그때 부르던 동요를 한 번도 제대로 부를 수 없으니, 그러나 예전 월천에 살던 친구들은 성년이 되어 뿔뿔이 흩어지고 없지만 월천강은 영화 '흐르는 강물처럼'을 떠올리지 않더라도 누구나 그 강물에 발을 담그고 흘러가는 인생을 한번쯤 되새겨보고 싶은 그런 강이다. "강물 속에 또 강물이 흐르고~" 그렇게 심연을 건드리는 정태춘의 노랫말을 생각하지 않더라도.

TOUR POINT

삼척항, 새천년해안도로, 삼척해수욕장 척주 동해비에서 그대로 나와 직진하면 삼척항이 있는데 삼척항에서는 해장국으로 곰치국이 유명하다. 삼척항을 따라 해안으로 계속 가면 삼척 동굴엑스포 때 새로 만든 새천년해안도로가 펼쳐지는데 도로가로 호텔이며 각종 음식점들이 들어서 있고 조각공원도 조성되어 많은 시민들이 쉴 수 있는 공간도 마련해 놓았다. 새천년해안도로 끝에는 삼척해수욕장이 자리 잡고 있다. 편의 시설이 해수욕장 가까이에 있어 민박이나 단체 휴양시설을 이용하는데 아무런 불편이 없어 보였다. 해수욕장 기끼운 곳의 민박으로 해변타운 민박은 해수욕장 쪽으로 방을 얻으면 방에서 해돋이도 볼 수 있다.

호산해수욕장 백사장 길이 0.5km, 면적 2만 4750m²로 강원도에서 가장 남쪽에 있는 해수욕장이다. '호산'이라는 이름은 부호(芙湖)와 재산(才山) 두 마을의 이름에서 뒷 글자를 따서 지었다. 백사장은 모래가 약간 굵고 바다는 수심이 비교적 깊다. 해변에는 파도에 깎인 바위가 있고 소나무 숲이 있으며 육지와 바다가 맞닿는 곳에 작은 섬 하나가 있는데 그것이 서낭당을 모신 해망산(海望山)이다.

촛대바위, 해암정, 추암해수욕장 애국가가 방영될 때의 일출 광경을 촬영한 추암의 촛대바위를 말한다. 삼척 해안도로에서 동해로 들어서자마자 추암 가는 이정표가 큼지막하게 표시되어 있다. 추암을 찾는 사람들의 대부분이 일출을 찍기 위해 이 마을에서 민박을 하고 새벽에 해수욕장 우측 촛대바위 있는 곳으로 올라가 일출 사진을 준비한다.

둘러보기	호산항, 임원항, 환선굴, 울진 성류굴, 삼척 죽서루, 무릉계곡과 삼화사 등
먹거리	각종 생선회, 오징어순대, 오징어회, 도루묵찌개, 명태찜, 양미리구이
놀거리	해수욕장, 낚시, 드라이브, 어촌체험
가는길	**승용차** 서울(경부고속도로) - 신갈 IC(영동고속도로) - 대관령 - 강릉 TC - 동해고속도로 - 동해 TC - 삼척 부산(경부고속도로) - 경주 TC - 포항(7번 국도) - 영덕 - 울진 - 삼척
문 의	삼척시 공식 홈페이지 http://www.samcheok.gangwon.kr 삼척관광 http://tour.samcheok.go.kr

Section 10

바닷바람은 왜 그토록 달콤한 지. 살갗에 닿은 햇살은 왜 그리 향긋한 지. 금빛 모래는 왜 발바닥을 간지럽히는지. 등뒤에서 부서지는 꽃바람은 왜 나를 미치게 하는 지. 오늘 따라 새소리는 왜 그토록 자지러지는지. 내 쉰 살, 제주의 봄 여행은 왜 이렇게 눈물나는지.

탐라, 그 아름다운 유토피아

비 자 향 기 로 남 은 제 주

주상절리, 저마다 크기가 다른 원통의 정교한 검은 돌기둥들… 곰솔. 오, 경외로워라, 저 늙은 영혼을 가진 **신**(神)이여! 그리고 '제주에 가서 **비자나무 숲**을 걸어보지 못한 사람이 있다면 그보다 안타까운 일도 없을 것이다.'

浦口

섬을 꿈꾸지 않은 자는 없다. 어쩌면 그것은 인간의 본능이거나 생래적 욕구일지도 모른다. 홀로 섬에 가보라. 내 살던 그곳이 곧 다시 섬이 아닌가. 문제가 있다면 섬에 가보지도 않고 무작정 그러리라고 믿고 상상하는 관념이다.

바로 저 색을 코발트색이라 하는지, 푸르다. 하늘도 바다도 그냥 대책 없이 푸르기만 하다. 스튜어디스가 기내방송으로 제주 도착을 알리는 순간 창 밖으로 보이는 것은 가슴을 두근거리게 하는 바다. 검은 바위와 해초들과 푸른 보리밭과 노란 유채꽃 물결, 흰 파도가 밀려와 부서지는 해안선을 보며 시작부터 또 얼마나 감탄을 했는지. 서귀포로 향하는 길, 중문단지에 있는 롯데 · 신라 · 하얏트호텔을 조금 지나 바다가 보이는 언덕으로 내려선다. 긴 해안선을 따라 푸른 파도가 하얀 포말을 일으키며 달려온다. 말은 필요 없다. 그냥 바다를 보는 것만으로도 충분하다. 중문단지를 벗어날 무렵, 해는 서둘러 산을 넘고 있었다. 국제컨벤션센터(ICC)가 있는 넓은 유채밭가에 차를 세우고 멀리 한라산 너머로 지는 해를 바라보다 카메라 셔터를 누른다. 낮과 밤이 자리바꿈 하는 하늘과 바다의 축제, 저 하염없이 노란 그러나 조금도 천박하지 않은 유채꽃의 향연. 유채꽃이 아름다운 건 푸른 이파리들이 함께 있기 때문일 것이다.

그 유명한 해안절벽, 주상절리가 있는 절벽계단으로 내려선다. 저마다 크기가 다른 원통의 정교한 검은 돌기둥들, 저것들은 분명 어느 분의 특별한 작품일 것이다. 이제 해는 사라지고 파도와 시간이 깎아놓은 검은 바위와 푸르디푸른 저녁바다에 마음을 빼앗긴다. 높이를 알 수 없는 바위를 때리는 파도와 그 파도가 빚은 작품에 취하지 않을 자는 없다. 어둠은 빠르게 바다에 뿌려지고, 나는 해 넘어간 서쪽을 향해 한동안 같은 자리를 서성댄다. 사람들 돌아가고 없는 주상절리 그 캄캄한 계단에서.

 1년 만에 다시 보는 드넓은 유채꽃밭은 극치다. 그것은 한라산과 바다가 만들어낸 실루엣 탓이리라. 서귀포 항구와 바다가 한눈에 보이는 정원이 인상적인 KAL호텔에 여장을 풀었다. 아름드리 야자수가 옥외 풀 주변에 하늘을 찌를 듯한 키로 서 있어 KAL호텔의 역사를 보는 듯하다. 오래된 것의 위용을 그대로 느낄 수 있는 건 당연히 건물보다 정원의 노목들이다. 바로 앞에 보이는 작은 섬들도 다정다감하다.

 저녁을 먹고 넓은 잔디밭을 가로질러 바다 쪽 연못을 돌아 솔밭 가든을 산책한다. 큰 나무들과 갖가지 희귀식물 때문인지 잠시 다른 나라에 불시착한 느낌이다. 밤바다를 보며 카페에서 시원한 맥주를 마셨다. KAL호텔은 옥내·외 어디서나 잔잔한 클래식 음악이 흘러 휴식의 분위기를 더한다. 귀에 익은 라흐마니노프와 모차르트가 반갑다. 잠시 쉬었다 가는 여행이지만 좋은 정원, 잘 다듬어진 뜰을

검은 돌담 위에 노란 유채꽃이 사랑스럽다.

비자림은 수백년 된 비자나무들이 즐비하다.

누린다는 것은 얼마나 큰 위안인가? 내가 묵은 7층 룸에서도 창을 통해 바다를 한 가슴에 안을 수 있어 좁은 욕실과 허술한 발코니의 불편쯤이야 그냥 용서가 되는 그런 곳이다.

다음 날도 아침 일찍 바다로 통하는 오솔길을 걸었다. 가든 왼편 양어장엔 많은 송어들이 헤엄치고 낚시꾼들은 이른 아침부터 갯바위에서 바다낚시를 즐기고 있다. 그들이 정녕 무엇을 낚는지 곁에 가보지 않고서는 알 길이 없다.

좁은 넝쿨 숲을 헤치고 갯바위로 나가는 길엔 처음 보는 식물들이 다투어 꽃을 피우고 있었다. 여전히 인적 없는 무인도에 온 듯한 착각이 들 정도다.

파라다이스호텔 쪽 해변으로 내려서서 작은 폭포를 바라보다가 다시 바다에 넋을 빼앗긴다. 해안가로 나가자 손에 잡힐 듯 가까운 곳에 섬이 있다. 숲섬이고 문섬이고 범섬이다. 모두 무인도로 보이지만 깎아지른 듯한 바위절벽이며 푸른 숲이 예사롭지 않다. 해변가에 유채꽃이 바다를 더욱 환상적으로 물들이는 건 쉬지도 않고 바람이 꽃을 흔들고 있기 때문일까?

해안도로를 따라 남제주에서 북제주로 넘어서 표선해수욕장을 지나 일출봉이 있는 성산으로 향한다.

건너 편이 우도, 저 늙고 게으른 소는 언제부터 꿈쩍도 않고 바다 속 제 그림자를 들여다보고 있었을까?

눈앞에 일출봉을 두고 마을 해녀들이 직접 운영하는 식당에서 전복죽과 소라로 늦은 점심을 먹는다. 산호해수욕장, 문주란 자생지인 토끼섬, 세화해수욕장을 지나 구좌로 든다. 구좌는 내 어린 시절 짝사랑하던 친구가 살던 마을이 아니던가! 전에 들렀던 곳들은 시간을 아껴야겠기에 생략하기로 한다. 하지만 이번 여행에서 꼭 다시 가보고 싶은 곳이 있다면 구좌의 비자림이다. 비자림 입구에 섰을 때는 어느덧 해는 서산으로 기울고 있었다. 담당자에게 양해를 구한 뒤 입장하고 보니 사람들이 없어 나만의 세상을 만난 듯 가슴이 벅차다.

숲으로 첫발을 디디면서부터 나를 사로잡았던 그 무엇, 향기였다. 물으니 그것이 비자나무향기란다. 지금 한창 열매가 달리기 시작하는 모양인데 그렇다면 이 정체불명의 향기는 이파리에서 나는 것인지 열매에서 나는 것인지 알 길이 없다. 비자나무 모양새는 그 이름처럼 늠름하다. 이곳은 워낙 오래된 수림이라 대부분 아름드리 거목이다. 짙푸른 잎과 나뭇가지를 쳐다보고 만지고 카메라 셔터를 누르는 동안 어느새 해는 사라지고 없다. 천년을 살았다는 신(神)처럼 늙어버린 비자나무에선 판독할 수 없는 향기와 위용이 그대로 전해진다(천연기념물 제374호로 지정되어 보호받고 있는 제주도의 비자림은 단일수종의 군락지로는 세계 제일이며 수령이 600년 이상된 고목을 포함하여 약 2800백 그루의 비자나무들이 있다. 상록림으로 사계절 푸른 숲을 볼 수 있으며 풍란을 비롯한 각종 희귀식물들이 공생

내도동 해안 절경.

제주 어디에서나 볼 수 있는 봄의 전경.

하고 있다. 주목과에 속하는 비자나무는 상록 교목으로 고급가구나 바둑판의 재료로 이용되고 열매는 식용 및 약용으로 널리 쓰이기도 한다. 4월 경에 꽃을 피우고 가을엔 열매가 익는다).

새로운 발견이다. 전에 몇 번 비자림에 와본 적 있었는데 비자나무향기가 구체적으로 어떤 것인지는 처음 알게 되었다. 연신 코를 흠흠 하게 하는 비자향기. 누군가 비자향기를 묻는다면? 그래, 맞다. 휘파람을 불며 욕실에서 방금 샤워를 끝내고 나온 그 사람 머리에서 나는 샴푸 냄새, 아니면 그 애틋한 살 냄새(?).

수첩을 꺼낸다. "제주에 가서 비자나무 숲을 걸어보지 못한 사람이 있다면 그보다 안타까운 일도 없을 것이다." 비자림을 빠져 나

4월 북제주 이호해수욕장.

오니 비로소 유채꽃이 얼마나 화사하고 싱그러운 꽃인지 알겠다.

함덕해수욕장의 깊고 푸른 밤바다, 물빛 아름답기로 유명한 이곳은 저녁이 되어서인지 물 색깔이 더욱 신비로운 빛을 내뿜는다. 제주도가 얼마나 푸른 섬인지는 함덕 바닷가의 물빛만으로도 알 수 있는 일이다. 오늘도 일몰에 넋을 놓는다. 가다가 차를 세우고 가다가 차를 세우고. 그렇게 아쉽고 안타깝게 내 안으로 사라져간 제주에서의 시간들.

그러나 못내 미련이 남는 것은 저 수많은 오름들 가운데 단 몇 개라도 더듬어보지 못한 아쉬움이다. 어차피 내 방법대로 제주도를 느끼려면 며칠이 아니라 몇 달이라도 부족하겠지만, 다시 제주시에서 새 아침을 맞는다. 4월 중순이지만 여름을 방불케 하는 기온이 다른 세상에 와 있는 듯 하다. 반바지 차림으로 아침산책을 나갔다. 길을 건너기 직전 훼미리마트에서 카푸치노 컵에 뜨거운 물을 부었다. 따뜻한 카푸치노를 길거리 탁자에 놓고 간이의자에 등을 기대고 앉아 제주 번호판을 단 자동차와 사람들을 구경한다. 천천히 언젠가 남태평양 여행중 무던히도 즐겨 마시던 노천카페의 거품 부글거리는 부드러운 커피 바로 그 카푸치노. 감미로운 시간들이었다. 커피를 마시며 친구에게 문자로 상큼한 기분을 전했다. 길 건너 삼성혈에서 이른 아침 숲을 걸으리라는 계획 때문인지 기분도 커피맛도 최상이다. 수첩을 꺼내 다시 몇 자 메모를 남긴다. **제주시 삼성혈로점 훼미리마트에서 만나는 아침시간은 더 없이 푸르고 쾌적하다. 제주도에 있는 동안 여행기분이 가장 강하게 느껴지는 순간을 꼽는다면 바로 이때다.**

규모는 작지만 삼성혈의 숲은 제주시의 고즈넉한 산책지나 다름없다. 제주시조 산신(고, 양, 부)이 태어난 성지로서 노송과 벚나무, 녹나무, 백일홍 등이 삼성혈을 향해 머리를 모으고 숙인 모습이 특이하지만 영상실에서 애니메이션으로 보여주는 제주시조 이야기보다 더 마음을 끄는 것은 역시 거목의 숲을 천천히 음미하며 걷는 재미다. 같은 코스를 세 바퀴나 산책했으나 아쉬움이 남는 곳이다.

해질 무렵 함덕해수욕장의 물빛은 신비롭다.

그리고 가장 오래되었다는 곰솔. 오, 경외로워라, 저 늙은 영혼을 가진 신(神)이여! 나는 무릎이라도 꿇고 싶었다. 그 늠름하고 우직한 나무, 미련퉁이 같은, 그래서 곰솔이라 이름한 것인지.

한라산 중턱의 관음사, 웬 부처는 그리도 많은가? 그러나 부처보다 더 많은 것은 한껏 무리 지어 노란 꽃을 피운 복수초다. 원래 눈 속에서 꽃을 피운다는 복수초가 앙상한 나무 아래 옹기종기 모여 노랗고 푸른 정원을 꾸며 놓았다.

한라산이 없는 제주의 모습은 어떨까? 상상할 수조차 없는 일이지만. 한라산에서 보는 하늘은 어찌 그리도 눈부시며 산벚꽃은 어찌 그리도 화사한지. 왜 모가지를 떨군 동백보다 청춘의 절정기를 맞은 유채꽃에 더 마음이 가는지. 바닷바람은 왜 그토록 달콤한지. 살갗에 닿은 햇살은 왜 그리 향긋한지. 금빛 모래는 왜 발바닥을 간지럽히는지. 등뒤에서 부서지는 꽃바람은 왜 나를 미치게 하는지. 오늘 따라 새소리는 왜 그토록 자지러지는지. 내 쉰 살, 제주의 봄 여행은 왜 이렇게 눈물나는지. 봄 제주를 그릴 때 필요한 물감이 있다면 오직 두 가지다. 파랑과 노랑.

용두암 주변을 걷다가 이호해수욕장으로 차를 돌린다. 반바지를 택한 것이 위로다. 맨발로 검은 모래사장을 뛰며 걷다가 바다에 발을 담그고 파래가 무성한 얕은 물에서 작은 소라를 주웠다. 카메라

중문관광단지 내 아름다운 해변.

를 던져버리고 물 속으로 뛰어들고 싶은 유혹이 어느 때보다 강했으나 시계를 보니 비행기 시간이 한 시간도 안 남았다. 앗! 서둘러야 한다. 난 집으로 가야 해.

T O U R P O I N T

비자림 천연기념물 제374호로 지정되어 보호받고 있는 비자림은 448,165m^2의 면적에 500~800년생 비자나무 2800여 그루가 밀집하여 자생하고 있다. 나무의 높이는 7~14m, 지름은 50~110cm, 그리고 수관폭은 10~15m에 이르는 거목들이 군집한 세계적으로 보기 드문 비자나무 숲이다. 또한 비자림은 나도풍란, 풍란, 콩짜개란, 흑난초, 비자란 등 희귀한 난과 식물의 자생지이다. 녹음이 짙은 울창한 비자나무 숲 속의 삼림욕은 혈관을 유연하게 하고 정신적, 신체적 피로회복과 인체의 리듬을 되찾는 자연건강과 휴양효과가 있다.

중문해수욕장 길이 560m, 폭 50m 정도의 백사장을 품은 중문해수욕장은 활처럼 굽은 긴 백사장과 흑·백·적·회색 등의 네 가지색을 띤 '진모살'이라는 모래가 특이하다. 이 진모살과 제주도 특유의 검은 현무암이 조화를 이룬 풍광이 아름다워서 영화나 드라마의 촬영지로도 자주 이용되는 곳이다. 이 해수욕장 오른쪽에 병풍처럼 둘러쳐진 해안절벽에는 길이 15m 가량의 천연동굴이 있으며 많은 희귀식물이 자생하여 생태관광을 즐길 수도 있다.

성산일출봉 제주도 유명 관광지 중에서 대표로 꼽을 수 있는 곳이다. 예로부터 이곳 성산일출봉 정상에서 바라보는 일출광경은 영주십경(제주의 경승지) 중에서 으뜸이라 하였다. 넘실대는 푸른 바다 저편 수평선에서 이글거리며 솟아오르는 해는 온 바다를 물들이고 보는 이의 마음까지도 붙잡아 놓으며 보는 이로 하여금 저절로 감탄케 한다. 그러나 성산일출봉은 빼어난 자연 경관만큼이나 변덕스런 날씨로 유명하여 일출의 장관을 보려면 운이 좋아야 한다.

둘러보기	한라산, 만장굴, 김녕·함덕해수욕장, 산굼부리, 성읍민속마을, 천제연폭포, 여미지식물원, 중문민속박물관, 대포동 지삿개 등
먹 거 리	해물뚝배기, 갈치젓갈, 멸치젓갈, 갈치회, 전복죽, 한치 물회, 소라, 각종 생선회
놀거리	한라산 등산, 낚시, 해안일주도로 드라이브, 포구 산책, 오름 걷기, 각종 수상스포츠, 파라세일링·수상스키·윈드서핑 등 해양스포츠
가 는 길	• 제주시(12번 국도 - 동회선 일주도로) - 구좌읍 평대(1112번 지방도 - 우회전) - 비자림 • 제주시(16번 국도 - 동부산간도로) - 송당리(1112번 지방도 - 좌회전) - 비자림 **현지교통** : 제주시외버스터미널에서 동회선 시외버스를 이용하며 평대리와 세화리에서 하차한다. 마을 순환버스는 1시간마다 운행한다(7~8분 소요).
문 의	한국관광공사 여행안내 http://www.visitkorea.or.kr 투어 제주도 http://www.jejutts.com

Section 11

어느 날 익숙했던 것들이 갑자기 생소해지기도 한다면 그것은 자신도 모르게 일고 있는 마음의 변화 때문일 터이다. 여행은, 단지 지도를 확인하러 가는 작업이 아니라 다른 사람과 다른 자연을 통해 닫혀 있던 나를 찾으러 가는 일인 지도 모른다.

단항

숲 속에 참 아름다운 집

하 늘 과 　 바 다 와 　 강 산 이 　 사 는 　 곳

내가 아는 그 누구도 살아 있는 **새벽 어시장**에서 절망을 노래하는 사람은 없었다. 지독한 **절망**과 싸우며 무력감에 치를 떨던 어느 친구도 그들의 **활기찬 몸짓**을 보는 순간 자신도 모르게 살고픈 **용기**가 솟구쳤다고 고백했다.

길의 아름다움은 인위적이지 않은 자연스러움에 있다. 나무와 강물과 마을과 논과 사람의 흔적이 적당히 배어 있으되 어제 오늘 급조된 흔적이 아니라 오랜 시간 아니 어쩌면 태초부터 그곳에 있었던 것처럼 자연스러움이 묻어나면 더할 나위 없이 포근하고 정답겠다. 길은 원래 사람이 만든 것이 아니라 산이 만들고 그 산을 따라 흐르는 물이 만들었을 것이다. 그 후 인간이 발자국을 포개고 보태 휘어지고 늘어지고 주춤하고 비틀거리며 비로소 길이 형성되었을 터. 그러나 이제 아쉽게도 이 나라 길은 하루가 다르게 휘늘어진 곡선을 버리고 직선으로 바뀌어 가고 있다. 모두가 반듯하고 규격화되어 가는 이 숨막히는 현실. 그래서 나는 때론 고속도로를 버리고 국도나 이름 없는 험한 임도나 사도를 선호하곤 했었다.

어느 곳을 가도 나는 가장 먼저 걷기 좋은 곳부터 살피는 버릇이 있는데 그것은 그럴듯한 숙소나 분위기 좋은 음식점이 아니라 불편한 게 있더라도 전망이 좋고 한적한 숲의 오솔길과 바다, 아니면 조그만 저수지라도 하나 있으면 더 바랄 것이 없다. 그러나 이곳엔 바다도 오솔길도 따뜻한 사람까지도 함께 있다.

어느 날 익숙했던 것들이 갑자기 생소해지기도 한다면 그것은 자신도 모르게 일고 있는 마음의 변화 때문일 터이다. 여행은, 단지 지도를 확인하러 가는 작업이 아니라 다른 사람과 다른 자연을 통해 닫혀 있던 나를 찾으러 가는 일인 지도 모른다.

흔히 일상에서 벗어나 한번쯤 혼자이고 싶을 때 문득 떠나보고 싶은 곳이 있다면 그건 섬이다. 이제 우리 나라는 잘 발달된 도로망으로 섬이 육지화되는 현상이 두드러져 점차 섬의 수가 줄어드는 실정이지만 그래도 여전히 삼면이 바다로 둘러싸여 굳이 먼 곳을 고집하지 않더라도 눈만 돌리면 도처에 섬이 있음을 알 수 있다. 그러나 서울에서 4~5시간쯤 달려야 닿을 수 있는 남해는 일찍이 남해대교라는 다리 하나로 섬이 육지와 연결된 곳이지만 구석구석을 살피다보면 아직도 도처에 섬 고유의 분위기를 그대로 간직하고 있는 보석에 속하는 지역이다.

남해는 삼천포시에서 남해 창선을 잇는 연륙교가 개통되면서 섬이 육지화된 곳으로 그들의 생활은 예전 다리가 없을 때와 비교해 많은 변화를 가져왔다. 10여 년 전 김치구 씨가 도시생활을 접고 본가가 있는 고향 배병리로 돌아올 때만 해도 그곳은 유배지나 다름없는 고립된 섬에 불과했다고 한다. 하지만 2003년 4월 세 개의 다리가 동시에 개통되면서 사정은 달라졌다. 다리가 생김으로 인해 늘어나는 관광객과 그것을 감당하기에는 아직 준비되지 않은 시설이며 모든 환경이 그곳에 오랜 시간 마음을 묻고 살아온 주민들에겐 적지 않은 혼란이 주어진 것이다. 특히 늘어난 교통량이며 관광객들이 버리고 가는 쓰레기, 소음, 매연 등은 조용하고 안락했던 그들의 생활을 조금씩 침범하고 있다.

크게는 강진만과 작게는 배병리포구가 한눈에 내려다보이는 '숲 속에 참 아름다운 집'에는 여덟 식구가 산다. 9남매의 김치구 씨와 그의 아내 김혜경 씨, 그리고 아이들의 이름을 보면 큰딸은 '김 파란 하늘', 둘째 딸은 '김 푸른 바다', 셋째 막둥이 아들은 '김 푸른 강산'. 그 외에도 네 마리의 강아지가 같은 울타리 안에서 몸을 부비며 한 식구로 살고 있다.

조각을 전공한 남편과 서양화를 전공한 아내는 보통의 화가들처

숲 속에 참 좋은 집.

럼 브론즈나 대리석에 조각을 하거나 정형화된 캔버스에 그림을 그리지 않고 뜰이나 집 근처 야산 혹은 바다에 작업을 하는 전위적 자연 예술가다. 그들의 삶은 이미 오래 전부터 자연에 동화되어 조금도 유별나지 않으면서 매우 독특한 형태를 보인다.

숲 속에 참 좋은 집으로 드는 길은 인위적으로 곧은 길을 만들지 않고 산의 자연지형을 그대로 살려 휘어진 굽이를 두세 번쯤 돌아야 닿을 수 있다. 창선면 단항교에서 왕후박나무가 있는 창선 쪽으로 가다보면 길가에 재미있는 현판이 눈에 들어오는데, 오른쪽엔 '숲 속에 참 좋은 집', 왼쪽엔 '삼박산 장수바위 등산로'를 발견할 수 있다. 왼쪽으로 삼박산 장수바위 등산로 표지를 따라 올라가는 길에는 김치구 씨의 손때가 묻은 작품들이 하나 둘 나타나기 시작하는데 자연을 훼손하지 않고 어울려 함께 사는, 그의 애정으로 빚은 작품을 만나는 재미는 가파른 비포장 길의 수고조차도 잊게 만든다. 작품은 자연석을 이용한 조각이거나 고사목의 뿌리 모양을 그대로 살려 여러 가지 형태를 보여주는데, 등뒤의 바다는 볼 틈도 없이 눈앞에 보이는 작품을 하나하나 감상하며 올라가다 보면 그 길 끝 숲에 가려진 소박한 '숲 속에 참 좋은 집'이 객을 맞는다. 뜰에는 온갖 유실수가 주렁주렁 탐스럽고 직접 가꾼 정원의 옹달샘과 오래된 항아리, 크고 작은 양철과 나무로 만든 바람개비들은 풍속에 따라 돌기에 바빠 손님을 아는 척할 여유조차 없어 보인다.

바로 뒤쪽으로 삼박산 장수바위 등산로가 있긴 하지만 숲 속에 참 좋은 집의 식구들은 모두 시선을 한 곳에 두고 있는데 그곳이 바로 배병리포구다. 어린 강아지도, 아이들도, 장승도, 바람개비도, 동백꽃도, 사과나무와 무화과도, 유자나무에 기대 하늘을 쳐다보고 있는 앙상한 고기 목조각도 모두 포구를 바라보며 한 집에 살고 있다. 바지런한 주인은 새벽 5시 30분이면 일어나 뒷산으로 산책을 나간다. 새벽 산의 기운과 바다에서 불어오는 해풍의 기운을 그대로 받아서일까, 그의 얼굴에는 동화 같은 싱그러움이 그대로 묻어난다. 간밤에도 마당에서 이런저런 이야길 하다가 늦게 잠자리에 들었는데 일어나 보니 그들 부부는 어느새 새벽 산엘 다녀와 셋이나 되는 아이들을 학

교에 보내고 집안 일을 하고 있었다. 파란 하늘, 푸른 바다, 푸른 강산이 엄마가 따끈한 차를 끓여 내고 아침을 권하는데 괜히 미안하다. 김치수 씨가 손에 뭔가를 들고 와 내 앞에다 놓고 나간다.

"무화괍니더. 한번 드셔 보이소!"

누구나 편지를 넣고 싶은
숲 속의 우체통.

지난 해 교통사고로 힘든 시간을 견디고 그 후유증으로 적지 않은 상처를 갖게 된 그의 모습에선 자연인으로 살아서인지 조각가보다는 어부의 향기가 짙다. 내가 만난 그들 내외는 욕심 없는 사람으로 작가라는 호칭 못지 않게 어부나 농부의 호칭을 아끼고 사랑할 줄 아는 순박한 내외였다. 궁여지책으로 있는 땅에다 지은 '숲 속에 참 좋은 집'은 그들이 살고 있는 본가 곁에 나란히 기둥을 세운 원룸형태의 펜션이다. 손님을 받을 수 있는 방이라 해야 고작 네 개가 전부인데 거실에 놓인 넓은 탁자 가까이 의자를 당겨 앉으면 소나무 사이로 작은 섬 심도가 눈앞에 들어오고 배병리포구가 한 품에 안겨 실내에 앉아서도 바다를 즐길 수 있는 곳이다. 특히 조용히 책을 읽거나 차를 마시며 사색하기에는 이보다 더 좋은 곳도 없을 듯 싶다. 거실에서 바다를 보는 것이 지루하거나 조금 미안해지면 앞 발코니에 맨발로 나가 보라. 바다가 세상이 모두 내 품안에서 호흡하고 있음을 유감없이 느끼게 될 것이다.

객을 위한 주인 내외의 배려는 그 어느 것도 자연을 벗어나 생각하기 어렵다. 내가 머물던 거실 밖 창문 아래에는 김치수 씨의 조각 작품 한 점이 담담한 표정으로 숲을 향해 누워 있었다. 그 조각품 곁에 아무렇게나 놓여 있는 찌그러진 양은 대야는 누워 있는 작품의 표정과 억지부리지 않은 조화를 이룬다. 이렇듯 생활 속에서 그들은 함께 차를 마시거나, 가까운 갯벌에서 바지락을 캐거나, 낚시를 하거나, 예술, 혹은 심중을 논하기에도 손색없는 사람들이다.
　앞 포구엔 언제나 출항을 기다리는 어선이 스무 척 정도 있다. 새벽 바다에서 잡아온 고기를 남해군 단항 수협위판장에서 경매로 팔고 나면 배들은 각자 자기 마을 포구로 돌아가 한낮의 휴식을 취한다. 배가 포구에 묶여 있을 때, 어부들은 낡은 어구를 손질하며 다음 출항을 기다리는데 단항 수협위판장에서는 보통 새벽 4시에서 11시까지 어부들이 잡아온 고기를 경매로 일반 상인들과 거래가 이루어진다. 일부러 경매 때문에 갈 수는 없겠지만 만일 근처를 여행중인 여행자라면 새벽 위판장에 꼭 한번 나가보기를 권하고

창선은 우리 나라에 얼마 남지 않은 죽방렴이 있는 곳이다.

수협 위판장에서 경매를 기다리는 사람들.

싶다. 내가 아는 그 누구도 살아 있는 새벽 어시장에서 절망을 노래하는 사람은 없었다. 지독한 절망과 싸우며 무력감에 치를 떨던 어느 친구도 그들의 활기찬 몸짓을 보는 순간 자신도 모르게 살고픈 용기가 솟구쳤다고 고백했다.

단항 수협위판장의 젊은 경매사 최갑용 씨의 목소리와 손놀림은 단연 볼거리다. 그의 굵직한 음성과 수시로 바뀌는 수신호를 따라 상인들이 경매에 참여하는데 살아 있는 고기를 다루는 만큼 경매는 매우 신속하게 이루어진다. 11시가 지나자 상인들은 저마다 경매로 구한 고기를 차에 싣고 도시 시장이나 횟집으로 떠나고 수협 위판장은 조금 전과는 판이하게 다른 풍경을 보여준다. 한산해진 틈을 타 경매사에게 궁금한 점 몇 가지를 물었다. 손가락 하나 하나를 단위로 나타내는 경매를 '수지효가식 경매' 라 한다는데, 나는 조금도 알아들을 수 없는 암호나 다름없는 손가락 사인을 그곳 사람들은 쉽게 알아보아 별 문제가 없다고 한다. 추석이 얼마 남지 않았는데 고기값이 어떠냐 물으니 예전과 비슷한 수준이라고 일러준다.

고기 시세가 좋은 편은 아니지만 올해는 인기 좋은 가을 전어가 줄어든 대신 숭어와 문어가 많이 잡힌다고 한다. 그래도 각자 힘들게 잡아온 고기를 모두 팔고 빈 망태기를 배에 싣고 돌아가는 어부들의 얼굴에는 화사한 웃음꽃이 피어났다. 나이 지긋한 할아버지

단항포구와 배병리, 어구보관 창고.

께 오늘 번 돈이 얼마냐 여쭙자 삼만 팔천 원이라고 하셨다. 크게 만족하진 않지만 그래도 때마다 현금을 만질 수 있어서 적지 않은 시간과 노력을 투자해야 하는 농사보다는 훨씬 낫다고 하셨다. 작은 배들은 보통 부부가 승선하는데 하루 번 돈을 세며 집으로 돌아가는 그들의 모습에서 고단한 바다에서의 노동은 잊혀지고 소박하지만 어느새 희망이라는 내일을 꿈꾸는 듯 푸근해 보였다.

 낮에는 물때를 맞추어 바다낚시를 즐길 수 있고 밤이면 화려한 조명이 물 그림자와 어우러진 연륙교를 걸으며 가까운 곳의 크고 작은 섬과 죽방렴의 밤 풍경을 즐기는 것도 이 지방에서만 누릴 수 있는 아주 특별한 재미다. 창선면의 다른 볼거리로는 우리 나라에서 몇 안 남은 죽방렴을 들 수 있겠고 다음으로 근처 수협위판장이나 단항 왕후박나무 혹은 적량성과 공룡발자국 화석이 있고 그 외에 사람들의 발길이 뜸한 부윤마을과 장포마을이나 건포·천포마을도 좋고 동쪽 끝자락에 붙어 있는 모상개해수욕장도 이름만큼이나 소박한 정취를 풍긴다.

TOUR POINT

창선·삼천포대교 남해의 새로운 관문으로 탄생한 이 다리는 단항교, 창선교, 늑도교, 초양교, 삼천포대교라는 다섯 개의 교량이 다리박물관을 연상하게 한다. 1995년 2월 착공하여 2003년 4월 개통된 창선·삼천포대교는 우리 나라 최초의 섬과 섬을 연결하는 교량으로 교량 자체가 국제적인 관광지로 자리매김 하고 있다.

죽방렴 창선도와 남해도가 길다랗게 마주보고 있는 지족해협에 촘촘하게 박아놓은 죽방렴이 눈에 들어온다. 물때에 맞춰 죽방렴을 찾으면 통통배를 타고 바지런히 고기를 건져내고 있는 어부들을 볼 수 있다. 서해안의 돌그물과 함께 가장 원시적인 고기잡기 방법으로, 안쪽에 참나무 말뚝을 둥그렇게 박은 다음 촘촘하게 대나무 발을 쳐서 '불통'을 만든다. 하여 한 번 들어간 고기는 빠져나갈 수 없다. 지족해협의 죽방렴은 모두 20여 개. 부챗살 나무막은 길이가 80m가 넘는다고 한다.

단항의 왕후박나무 후박나무는 우리 나라 남쪽 도서지방에 많이 분포하고 있는데 상록의 교목이며 잎은 혁질이고 거치가 없다. 잎의 표면은 진한 녹색이고 잎 뒤는 흰빛이 도는 녹색이다. 섬의 해안을 돌아 북쪽으로 가면 바다 가까운 평평한 밭 가운데 서 있는 이 왕후박나무를 볼 수 있다. 삿갓처럼 퍼져 내린 수관은 빽빽한 잎으로 비단처럼 짜여 건강해 보인다. 이순신장군이 왜적을 물리치고 틈을 내어서 병졸들과 함께 이 나무 아래에서 잠시 휴식을 취했다는 말이 전해지고 있는 이 나무는 줄기가 아래부터 11개로 갈라져 있고 고루 사방으로 뻗어 올라가고 있다.

둘러보기	죽방렴, 연륙교, 단항 수협위판장, 모상개해수욕장, 공룡발자국 화석
먹거리	철따라 각종 매운탕과 회, 어패류, 꽃게, 전어
놀거리	섬 일주 드라이브, 갯바위낚시, 바지락 캐기, 개펄 체험
가는길	대진고속도로 - 사천 IC - 삼천포 - 연륙교 - 단항
문 의	남해군청 홈페이지 http://www.namhae.go.kr

Section 12

유배신세가 되어 할 일 없는 선비 김만중은 뒷산에 올라가 멀리 떨어져 있는 육지의 늙은 어머니를 그리워하며 얼마나 애간장을 태웠을까? 특히 달밤에 대나무 숲을 스치는 바람소리와 바위절벽을 타고 오르는 파도소리에 그의 심정은 어떠했을까?

남해 노도의 이석진씨 내외

서포문학의 산실, 노도에서 3일

섬의 보리들은 예의 날카로운 촉수를 반은 하늘로 향하고 나머지 반은 바다로 뻗는다. 보리가시에 찔리는 바다, 그러나 바다는 이내 그 아픈 흔적을 지우고 태연하고도 사색적인 포즈로 돌아간다. 바람이 지나가면 보리는 일제히 **몸을 낮춘다**. 그들이 허리를 낮추는 것은 **복종의 의미**만이 아니라 있는 그대로의 여유를 보여준다는 것에서 다르다.

浦口

남해군청

김형의 안내를 받고 벽련마을로 갔을 때 듣던 대로 가는 비에 안개까지 겹쳐 눈앞의 노도는 가까스로 아랫도리만 보여 줄 뿐 상상 속의 섬처럼 아늑하기만 하다. 약속한 시간에 배를 타고 나타난 것은 노도 주민 이석진 씨였다. 첫인상으로 보아 그는 조금 독특한 분위기를 가진 사람처럼 느껴졌다.

한때는 마을 분교에 아이들 소리가 끊이지 않던 곳이었으나 이젠 고작 15가구만이 사람이 살고 있는 섬인데 그 중 9가구가 나이 드신 할머니만 사신다니 몇 안 되는 주민들의 생활이 어떨 지 짐작하기란 어렵지 않다. 나는 혼자 계시는 할머니 댁의 민박을 원했으나 이석진 씨는 아는 사람 부탁도 있고 한데 어떻게 다른 집으로 보낼 수 있느냐며 굳이 자신의 집에 머물라 했다. 체격이 자그마하고 곱상하게 생긴 그의 아내는 평소 민박을 해보지 않아 망설이는 듯했으나 이석진 씨는 막무가내였다. 나는 먹는 것은 두 분이 평소에 드시는 것처럼 할 테니 재워만 달라고 사정할 수밖에 없었다. 이석진 씨는 두꺼운 안경 너머로 선하고 인자한 모습이 덥수룩한 수염에 가려 여유 있는 웃음을 보였고 그의 아내도 못 이기는 척 남편의 뜻을 따르려는 듯 청소를 한다고 걸레를 들고 안채로 사라졌다.

그리운 서포(西浦)

실은 노도에 가면 가장 먼저 들러보고 싶은 곳은 서포 김만중의 유적이었다. 그가 살았던 초가는 어디쯤 있는지, 그곳에선 무엇을 볼 수 있는지, 노도마을과는 얼마나 떨어져 있는 지, 비가 부슬부슬 내리는데 어둡기 전 우선 가까운 김만중의 허묘라도 찾아볼까 싶어 아저씨가 일러주는 방향으로 길을 나섰다. 사람의 흔적은 없

고 얼마 안 가서 하늘로 오르는 듯한 한적한 계단을 밟고 올라 끝머리에 서니 바닥에 작은 석판 하나가 눈에 뜨인다. 듣던 대로 주위는 둥그렇게 비어 있었다. 풀 하나 없이 비어 있는 묘자리는 주위의 우거진 나무와 잡초들을 생각하면 사뭇 대조적이다. 다음 날 아침에 알았지만 허묘지는 생가 터와 그리 멀지 않은 곳에 자리를 잡고 있었다.

노도에 머무는 3일 동안 마을 사람들도 혼자서는 잘 가지 않는다는 서포의 초가 터와 허묘지를 나는 다섯 번이나 갔다. 잡초를 헤치고 안내 현판을 따라 서포가 살았다는 집터를 찾아가는 일은 내게 시간을 거슬러 가는 사유의 느린 산책이나 다름없다. 가다보면 시간을 가늠하기 힘든 웅장한 동백이 군데군데 흐드러진 꽃망울로 벌을 부르고 소나무는 절벽의 가파른 바다를 향해 숲을 이루고 있다. 저 우람한 동백과 소나무는 누가 길렀을까? 지도에서처럼 서포의 집이 있던 자리에선 건너 마을 소량과 대량이 오히려 옆으로 돌아앉은 벽련마을보다 가깝다. 뒷산으로 올라가니 외로운 소치섬이 바로 눈앞에 있고 반대편으로는 설흘산, 호구산과 앵강만을 낀 월포와 홍현마을이 눈에 들어온다. 유배신세가 되어 할 일 없는 선비 김만중은 뒷산에 올라가 멀리 떨어져 있는 육지의 늙은 어머니를 그리워하며 얼마나 애간장을 태웠을까? 특히 달밤에 대나무 숲을 스치는 바람소리와 바위절벽을 타고 오르는 파도소리에 그의 심정은 어떠했을까? 그러나 이제 서포의 흔적은 어디에도 없고 저 혼자 피어 나는 고사리 새순과 흐드러진 찔레꽃, 동백

마을 입구에 세워진 김만중의 유허비.

사람들이 떠나고 없는 빈 집.

꽃이 나그네의 걸음을 붙잡을 뿐이다.

한낮에도 음습하기 이를 데 없는 김만중의 생가터, 그의 자료들을 살펴보면 김만중은 누구보다 정신력이 강하고 올곧은 시대의 선비였으나 유배생활 3년 만에 56세의 일기로 이곳 노도에서 생을 마감했다는데, 그것은 저 묵직한 음(陰)의 기(氣)에 눌려 그렇게 빨리 생을 마감한 것은 아닐까 싶기도 하다.

노도 어디를 가도 김만중의 흔적이라곤 비뚜름히 박힌 팻말 외에는 거의 없다. 한편에선 유배문학의 산실인 노도에 대한 남해 사람들의 관심이 너무 빈약한 것이 아닌가 하는 질타도 있었지만 달리 생각하면 이것도 바람직한 방법이지 싶다. 성의 없이 인위적으로 복원된 생가나 묘지, 기념관 건립 정도라면 유배신세로 그가 사유하고 거닐었던 노도 땅을 직접 밟아보고 그의 작품을 통해 철저히 상상만으로 그 당시 김만중을 그려보는 것은 어떨까? 어줍잖은 복원이라면 그대로 두는 것도 바람직하다는 걸 김만중 초옥터를 오가며 나는 생각하지 않을 수 없었다.

나는 남해기행 중 아래와 같이 노도를 술회한 적이 있었다.

"밝은 대낮에 벽련마을에 도착했지만 10월의 해는 짧아 양쪽 번갈아 노도를 끼고 걷는 동안 어둠이 내렸다. 달은 15호의 민가가 있는 노도마을 뒤쪽에서부터 성큼 기어올라 앵강만에 길고 긴 다리를 놓으며 솟아오르고 있다. 김만중은 달밤이면 마음만이라도 저 바다위 만월이 놓은 길을 건너 꿈속에서도 그리운 어머니를 찾아 육지로 가지 않았을까? 곰곰 생각에 젖다가 다시 노도를 바라본다. 노도는 건너 발 아래에서 파도소리만 철썩거릴 뿐 말이 없고 나는 저 큰 바다를 모두 품에 안을 수 있을 듯한 벽련마을이 문득 내 생에 갑자기 찾아온 유배지 같다는 생각이 들었다. 복잡한 생각을 정리하기 위해 나는 김만중이 노도에서 쓴 시편들을 한 구절 한 구절 암송하기 시작한다. 왠지 모를 슬픔이 치밀어 견딜 수 없다."

이석진 씨 내외

저녁 무렵 나는 소치섬이 보이는 뒷산으로 올라가 설흘산으로 지는 해를 잡기 위해 카메라를 들고 보리밭에 엎드려 있었다. 잠시 후 해가 넘어가자 섬의 저녁은 빠르게 어두워졌다. 어둠에 떠밀려 마을 가운데 방파제로 내려와 서성대는데 아저씨가 오토바이 클랙슨을 누르며 분주하게 마을을 돌아다니는 것 같았다. 설마하니 나를 찾는 것은 아닐 거라는 생각에 그냥 보고만 있다가 아차 싶어 집으로 올라갔지만 집안에는 아주머니도 아저씨도 없었다. 한참 후 나타난 아주머니는 나를 보자 다짜고짜 버럭 화를 내며 마을이 떠나갈 듯 소리를 질렀다.

"무신 싸람이 이래 내 쏙을 썩이나, 대체 오데 갔다 왔능교?"

분명 해거름에 마을 뒤 보리밭에서 사진 찍는 걸 봤는데 사람이 없어져 어디 벼랑으로 실족이라도 하지 않았을까 싶어 사방으로 찾아다닌 모양이다. 나는 무조건 잘못했다고 빌었다. 그럴 수밖에 없는 것이 아주머니는 걱정으로 애간장이 타 죽는 줄 알았다는데 그 상황에서 변명의 여지가 있겠는가. 아주머니는, 노는 데 정신이 팔려 어두워도 집으로 돌아오지 않고 동네방네 아무개 이름을 부르며 찾아다니다가 집에 와 있는 아이를 보자 가슴을 쓸어 내리며 안도와 허탈감으로 화를 내고 마는 어릴 적 내 어머니가 되어 있었다. 대체 얼마 만에 느껴보는 모성인가!

　다음 날 바다에 그물을 놓으러 가는 이석진 씨 내외를 따라나섰다. 낮은 파도에도 흔들리는 작은 배를 타는 일은 생각보다 쉽지 않았다. 키도 체격도 남편에 비해 아내는 터무니없이 작아 보는 것만으로도 애처롭다. 바다에 부표를 던지고 준비해간 그물을 하나 하나 놓는데 어쩌면 저렇게 손발이 잘 맞을 수 있을까 싶다. 한참 후 준비한 그물을 모두 바다에 내리고 한숨 돌리는 틈을 타 조심스럽게 사진 한 컷만 찍고 싶다고 했더니 아저씨가 가까이 오며 손을 끌자 아내는 내 눈치를 살피며 얼굴을 붉히는 모습이 사랑스럽기 그지없다.

　"손놓으소 마. 이 양반이 와 이래쌓능교, 남사시럽게!"

　돌아와 인화한 사진을 보니 남편은 한 팔로 아내를 감싸고 다른 한 손으론 수평선을 가리키고 있었다.

　그런가 하면 바쁜 중에도 쑥떡을 만들고 갯바위에서 고동을 잡아 삶아주며 묻어 두었던 사연들을 풀어놓을 땐 마치 살붙이 자매 같기도 했다. 오후에 아주머니는 뒷밭에서 마늘종과 강낭콩을 거둘 때 푸른 상추도 거두었다. 고개 너머 바다로 가는 길에 조금 거들긴 했으나 별 도움은 못 되었을 것이다. 밭가에 앉아 마늘종을 다

서포 생가 터에서 바라본 바다, 건너편 마을이 소랑, 대량이다.

노도 주민이 마늘밭에서 일을 하고 있다.

듬으며 우리는 두런두런 세상 이야기들을 주고받았다. 다음날 아침, 그는 전날 밭에서 부지런히 손질하던 것들을 봉지 가득 챙겨 넣고 있었다.

"어서 가뿌리소 마. 며칠 있어도 이래 써운해 죽겠는데 오래 더 있으면 정들어 우짜겠능교." 그녀는 기어코 내 손에 자신의 마음을 담은 몇 개의 봉지를 들려주고는 끝내 눈을 맞추지 못했다.

겉으로는 평범한 듯하나 내가 만난 이들 내외는 매우 특별했다. 두 사람은 저마다 상처를 가지고 있었고 한때는 편리한 도시생활을 누리기도 했지만, 그로 인해 앞으로 나아가야 할 삶의 방향을 정확히 알고 있는 것처럼 느껴졌다. 욕심부리지 않고 순수한 자연을 지키며 함께 고기를 잡는 어부라는 이름의 귀하고 아름다운 인연을 바다에 서약한 부부 같았다. 대부분의 섬생활이 그러하듯 그들은 24시간을 함께 지내는데 바다 가운데서 그물을 거둘 때에도 아내는 몸이 불편한 남편을 그림자처럼 따라다닌다. 부지런한 아내는 일하기 위해 태어난 사람처럼 이른 새벽부터 늦은 밤까지 불

평 한마디 없이 손에서 일을 놓지 못하고 남편은 그런 아내를 바라보며 안타까운 듯 묵묵히 바라볼 뿐이다. 나는 모처럼 연륜을 무시할 수 없는 부부가 만든 아름다운 그림을 그들을 통해 보고 있었다.

밭에서 강낭콩을 거두는 할머니와 이런저런 이야기를 하다보니 그가 바로 서울 모 대학 공과대학의 교수를 아들로 둔 노모였다. 언젠가 노도출신의 공학박사가 있다는 소식을 들은 적이 있어서 이야기 도중 몇 마디 아는 체 하며 말을 건넸더니 그렇게 반가워할 수가 없다. 그는 혼자 사는 당신의 집에 가자고 내 손을 끌었다. 그의 집 대청에선 바다가 한눈에 보였고 담장엔 도시 8남매에게 보낼 취나물이 마르고 있었다. 한참 후 그는 안으로 나를 부르더니 먼지 쌓인 앨범과 박사논문집을 내오고, 아들의 이야기가 실린 낡은 신문을 들춰내며 자식자랑이 끝이 없다. 마을 사람들 누구도 당신의 자식이 그렇게 잘난 아들인지 몰라주는데 처음 보는 낯선 사람이 어떻게 당신 아들을 그리 잘 아는지 묻고 또 물었다.

뒤란에는 대나무가 자라고 돌담 곁에는 상체가 잘려나간 오래된 나무 한 그루가 묵언하는 스님처럼 자리를 지키고 앉아 가문의 역사를 증언해주는 듯하다. 그녀는 내게 아들 사랑을 말할 때, 가뭄으로 타들어 가는 식물처럼 비슬거리다가 아들 목소리만 들어도 단비를 맞은 것처럼 화들짝 고개를 들고 살아나는 식물과 같다는 시적(詩的) 비유로 자신이 8남매의 장한 어머니임을 전하고 있었다. 그러나 대청에 앉아 이런저런 아들의 흔적을 펼쳐 보일 때 내

그물을 내리고 잠시 쉬고 있는 이석진 씨 내외.

눈을 의심하게 만든 것은 그녀의 발을 감싸고 있는 누더기 양말이다. 수없이 덧씌우고 기우고 또 기운 그의 양말, 아무리 생각해도 나는 근래 어디에서도 그런 양말을 본 적이 없었다. 허나 나는 안다, 그것은 교수 아들의 뜻이 아니라 어머니 당신께서 자처한 누더기임을. 그 동안 조금 낡았다고 던져버린 무수히 많은 아들의 양말을 어머니는 몰래 기워서 신었을 것이다. 누더기 양말을 걸친 두 다리를 뻗고 앉아 만성요통을 호소하던 그도 자식 이야길 할 때만은 목소리에 힘이 실리고 표정엔 윤기가 흘렀다. 예전에야 모두들 눈물겨운 가난으로 어쩔 수 없었다지만 이제는 달라지지 않았는가. 나는 입이라도 맞추고 싶은 심정으로 그의 발에서 오랫동안 눈을 떼지 못했다. 그를 위대한 어머니라 이름할 수밖에 없는 것은 누더기 양말이 주는 메시지였음을 부정할 수가 없었다.

교수를 아들로 둔 할머니가 적극적인 성격의 소유자라면 염소 할머니는 성품이 조용하고 인자하기 이를 데 없는 분이셨다. 아들을 두지 못해 술을 좋아하신 할아버지 생전에는 늘 죄인 같았다는 할머니는 새벽마다 염소 두 마리를 서포 허묘지 가는 길 떡갈나무에 매어 놓았다가 저녁이면 거두곤 하셨다. 낯선 길에서 누굴 만나면 그가 누구든 말벗이 되기를 좋아하는 나는 할머니와 건너 금산봉우

사람이 귀해 그랬을까, 사람을 보고 놀라는 염소.

리와 소량, 대량이 훤히 보이는 길바닥에 철퍼덕 앉아 이런저런 이야기를 주고받았는데 염소는 잘 키워 허약한 딸에게 고아먹일 거라며 다섯 딸은 모두 대처로 나가 살지만 엊그제 생신 때엔 돈을 부쳐와 읍에 나가 마을 친구들에게 식사대접을 했다는 자랑을 잊지 않으셨다. 하기야 우리네 어머니에게서 자식자랑을 빼면 할 말이 무엇이겠는가. 조용조용 이야기하시는 할머니의 말 속엔 삶을 자연의 부분으로 받아들이는 순리가 그대로 느껴졌다. 종일 굽은 허리로 밭에서 마늘종을 거두시던 할아버지, 고사리를 따시던 할머니, 쑥과 취나물을 뜯기 위해 산을 오르시던 할머니, 화끈하게 욕도 잘하고 말씀 잘하시는 꼭대기 집 할머니, 끓인 누룽지에 설탕을 타서 맛나게 드시던 정 많은 앞집 할머니와는 다른 분위기를 가지고 있어 마치 순하니 순한 염소를 닮은 듯 포근한 분이셨다.

폐교된 마당에는 한때 아이들에게 꿈의 이야기를 들려주었을 스피커가 녹슨 채 달려 있고 사람들은 학교 담장에다 낡은 어구를 널어 말리고 있다. 그러니 이제 해질녘 섬에서는 아쉽게도 젊은 어미가 제 아이를 목청껏 부르는 소리를 듣기 어렵다. 얼마나 안타까운 일인가.

섬, 청보리 물결

하기야 청보리만을 고집했다면 서울 한복판 세종로 화분에 심어놓은 보리로 위안 삼았을 지도 모르겠다. 그러나 도시에서 보리는 보리가 아니라 화초여서 바위 절벽으로 부서지는 파도소리 같은 자연의 소리를 들을 수 없다.

어느 날 지리산을 떠돌다 산청 골짜기에서 본 계단식 보리밭은

◀ 노도마을 쪽에서 본
   노도포구

방파제에서 말라가는 미역

내게 푸른 섬으로 가보라 등을 떠밀었다. 이듬해 봄 나는 단 한 가지 이유, 청보리가 그리워 남녘의 한적한 섬으로 떠돌아다녔다. 육지도 아닌 섬의 청보리를 고집한 건 마음이 섬에 가고 싶은 핑계였을 지도 모른다. 수도권 지역에선 거의 볼 수 없는 보리밭을 남해일대에서는 쉽게 볼 수 있었다.

겨울에도 남해에 가면 녹색이 살아 있는 밭들을 볼 수 있는데 대개 두 가지다. 하나는 보리밭이고 하나는 마늘밭이다. 온화한 기온으로 겨울에도 눈이 거의 내리지 않는 남해는 4~5월 사이 어디서나 쉽게 푸른 보리밭을 볼 수 있다.

섬의 보리들은 예의 날카로운 촉수를 반은 하늘로 향하고 나머지 반은 바다로 뻗는다. 보리가시에 찔리는 바다, 그러나 바다는 이내 아픈 흔적을 지우고 태연하고도 사색적인 포즈로 돌아간다. 바람이 지나가면 보리는 일제히 몸을 낮춘다. 그들이 허리를 낮추는 것은 복종의 의미만이 아니라 있는 그대로의 여유를 보여준다는 것에서 다르다. 그런 보리밭에서 나는 무릎을 꿇었다. 휘어져도 결코 꺾이지 않은 보리에게.

노도에서 좋아하는 것을 꼽으라면 인심 좋은 사람과 푸른 물결 넘실대는 보리밭이다. 나는 얼마나 오랜만에 풋풋하고 싱그러운 청보리 물결을 보았던가! 그 날 밤 내 시작(詩作) 노트의 몇 줄,

자기 까칠한 턱수염은 생각 않고/온몸으로 그냥/비벼주는 게 사랑인 줄 알고/아프다 따갑다 인상 찌푸려도/바람 절벽에서/나만 보면 좋아라/얼굴 비비고 옆구리 찌르며/흔들거리지만/이제 속지 않으리라/저만치 서서 바라만 봐야 하는 심사/아는 지 모르는 지/봄바람이 그 긴 혀로/바다를 건너 보리를 핥고 지나가노니.

TOUR POINT

벽련과 노도 앵강만을 따라 이동면 원천마을을 지나면 눈앞이 확 트이며 멀리 지평선에 여수항으로 들어가는 화물선들이 보이고 서포 김만중의 유허지인 노도가 건너 보인다. 마을 지형이 연꽃처럼 생겼다 하여 벽련(碧蓮 : 푸른 벽/연꽃 연)이라 한다. 철썩이는 파도소리와 통통배, 멀리 가천을 넘어가는 낙조, 갯마을 정취에 흠씬 젖어 잘 포장된 바닷길을 따라 선창으로 발길을 옮기다 보면 남해의 아름다움에 절로 젖는다. 선창에서 배를 빌려 타고 바다를 건너면 노도가 나타난다. 상주면 양아리에 있는 노도는 서포 김만중의 유배지로 널리 알려지면서 역사 탐방객과 학자들, 낚시를 좋아하는 사람들이 자주 찾는 섬이다. 김만중은 숙종 15년에 노도로 귀양왔다가 노도에서 생을 마감했으나 그의 흔적을 찾을 만한 것은 거의 남아 있지 않다. 그가 살았던 작은 샘이 있는 초옥터와 묘터인데 그것도 작은 팻말 하나가 전부다. 서포는 이곳에서 유배생활을 하는 동안 『사씨남정기』, 『서포만필』을 집필했다. 노도는 동백꽃을 보기 위해 관광객들이 찾아들 정도로 동백으로 유명했다고 한다.

둘러보기 | 김만중의 흔적을 찾아 섬 일대를 걸어서 탐방하기, 벽작개마을, 상주해수욕장, 금산과 보리암, 상주리 석각 등

먹거리 | 시설을 갖추고 영업을 하는 곳은 없지만 배가 들어올 때 포구에 나가면 생선을 구할 수 있고 생선회 등 먹거리는 민박집에 부탁하면 된다.

놀거리 | 갯바위낚시, 소라·고동 잡기, 보리밭 산책하기

가는길 | 남해대교 – 상주면 – 서포 김만중 유허 표지석 – 벽련(벽작개) – 배를 탐 – 노도
벽련마을에서 배로 10분 정도 걸린다. 정기 여객선은 없지만 섬에 들어가는 것은 그곳 주민에게 미리 전화로 예약하면 된다. 왕복 뱃삯은 인원수에 관계없이 1만 원 정도다.

문 의 | 남해군청 홈페이지 http://www.namhae.go.kr
남해군청 문화관광과 관광기획담당 055 - 860 - 3228

Section 13

끝간데 없이 펼쳐진 넓은 백사장을 걸어나가 바다에 발을 담그고 가슴을 펴 닫혀 있던 마음을 활짝 열어 타는 노을을 만날 수 있다면 그건 아주 특별한 행운이다.

몽산포에서 마검포로

바다, 모래사막에서 꾸는 꿈

돌아보니 그 넓은 백사장 위로 조금도 흐트러짐이 없는 두 개의 선명한 길, 화인처럼 남아 있는 자동차 **바퀴자국**, 휘어지며 나를 따라 그곳까지 달려온 길에게 경의를 표하며 **마검포**로 들어선다. 걸어보면 안다. 돌아보면 누구나 아무것도 아닌 일에 터무니없는 집착을 보이거나 **목숨**을 걸기도 한다는 것을.

해질 무렵 몽산포에 닿아본 이는 알 것이다. 왜 황혼을 눈물겹도록 아름답다고 하는지. 출발이 일렀거나 예상과 달리 길이 막히지 않아 조금 일찍 태안에 도착했다면 근처 참기리 소나무 군락지나 두산, 염전, 혹은 안면도 자연휴양림을 둘러 시간을 기다리다 해질 무렵 몽산포에 닿는 게 좋다.

살다보면 감동조차 먼저 맛보고 싶은 것이 있고 아껴두었다가 나중에 맛보아야 할 것이 있다. 몽산포의 낙조는 몽산포를 만나는 가장 첫 순간에 맛보아야 할 감동에 속한다. 차에서 내려 파도 소리 들리는 바다를 향해 걸어나가면 해변가 소나무 숲 사이로 떨어지는 해는 그 이디서도 쉽게 찾을 수 없는 살아 있는 그림을 연출하지만 그것으로 만족해선 곤란하다. 끝간데 없이 펼쳐진 넓은 백사장을 걸어나가 바다에 발을 담그고 가슴을 펴 닫혀 있던 마음을 활짝 열어 타는 노을을 만날 수 있다면 그건 아주 특별한 행운이다.

몇 년 만에 다시 간 몽산포는 우후죽순처럼 생긴 숙박업소 외엔 그다지 변한 게 없었다. 나는 지난 번 기억을 되살려 허겁지겁 바다로 나갔다. 무릎에 이상이 생겨 많이 걸을 수 있는 상황이 아니기도 했지만, 그보다 속이 후련해지도록 전속력으로 달려보고픈 욕심 때문이었다. 하여 차를 가지고 백사장으로 내려서기를 시도했지만 번번이 해변으로 통하는 길은 막혀 있고 문이 있어도 잠겨 있는 곳이 많았다.

어렵게 창포에서 바다로 내통하는 길 하나를 찾아내고 '그러면 그렇지!' 속으로 쾌재를 불렀다. 나는 몽산포로 되돌아가 그곳에서 다시 창포를 지나 마검포까지 힘껏 액셀레이터를 밟았다. 차는 내 발이 명령하는 대로 정직하게 앞으로 달려나갔고 늦가을의 해변은 한적하기 그지없었다. 자동차가 요란한 엔진소리를 바다에 흩뿌리며 전진하는 동안 맥박이 빨라지고 있다는 걸 어렴풋 짐작만 할뿐 마음 상태는 공중에 떠서 구체적인 어떤 생각도 누릴 수 없었다.

마검포에 정박해 있는 배들.

  사정없이 달려 마검포에 도착했지만 염려했던 일은 일어나지 않았다. 길은 지프가 달리는데 아무런 장애도 없었고 내 마음은 알 수 없는 희열로 가득했다. 바다와 백사장과 장난꾸러기 어린 게들에게 미안했지만 그렇게 나는 두 차례나 왕복으로 달리고 나서야 마검포 그 아름다운 포구에 도착할 수 있었다. 돌아보니 그 넓은 백사장 위로 조금도 흐트러짐이 없는 두 개의 선명한 길, 화인처럼 남아 있는 자동차 바퀴자국, 휘어지며 나를 따라 그곳까지 달려온 길에게 경의를 표하며 마검포로 들어선다.

  몽산포에서 창포를 거쳐 마검포까지 그 긴 백사장을 하루 종일 걷던 때가 있었다. 수년 전 겨울이 막 끝나가고 이른봄이 물가에 막 당도할 즈음, 나는 원인을 알 수 없는 단단히 꼬이고 엉긴 마음의 매듭 하나를 간직한 채 그곳을 찾아갔었다. 몽산포, 그곳에 가

모녀가 조개를 캐 돌아오고 있다.

기만 하면 가슴에 묵직하게 가라앉은 찌꺼기들이 모두 떠오를 것만 같은 기대감으로 차를 몰았다. 이미 예감 가득 봄을 느끼고는 있었으나 나는 두꺼운 파카를 벗지 못한 채 바닷가에 섰다. 그 날 따라 바람이 많이 불었으나 껴입은 옷 때문인지 아니면 바다에 와 있다는 위로 때문인지 춥지는 않았다. 내가 몽산포해수욕장이 인접한 곳에 할머니와 할아버지 두 분이 사시는 소나무 숲 뒤쪽으로 민박을 결정하고 바다로 나가려 할 때 불쑥 할머니께서 걱정이 되었는지 내게 물으셨다.

"여긴 왜 혼자 왔누?"

할머니의 궁금증을 풀어드리기 위해선 뭔가 이야기를 하긴 해야 할텐데 그 순간은 어떻게 이야기해도 추상적이거나 복잡해 이해를 구하기에는 어렵겠다 싶어, 나는 대답대신 그냥 웃음으로 화답할 수밖에 없었다. 그 길로 바닷기에 나가 지는 해를 마중하고 땅거미가 질 무렵 민박집으로 돌아오니 이웃집 아주머니가 와서 함께 저녁식사를 하고 계셨다. 할머니가 오늘 밤 건넌방에서 잘 손님이라고 나를 소개하자 이웃집 아주머니가 또 묻는다.

"젊은 여자가 혼자 왔단 말이유?"

그 날, 할머니의 청에 못 이기는 척 저녁을 얻어먹는 자리에서 시종 그들의 관심거리는 여자 혼자 무슨 사연이 있어 그렇게 돌아다니느냐는 것이었고 나는 변명할 여지도 없이 그들의 걱정 섞인 이야기를 들어주어야 했다.

인적 없는 몽산포 해안은 원시의 바다를 연상시킨다.

다음날 집을 나서려 할 때 할머니는 끝내 당부의 말을 잊지 않았다.
"딴 맘 먹지 말고 눈 딱 감고 잘못했다고 빌고 어여 집으로 돌아가, 어여!"
처음 있는 일도 아닌데 돌아오는 차안에서 혼자 웃음을 되씹던, 지금도 그때를 생각하면 할머니의 애정 어린 간청을 잊을 수가 없다.
그 여행이 내게 남긴 것은 아무 생각 없이 걷고 또 걸었다는 것인데 그 시간을 통해 주위의 사람들을 배려하지 못하고 눈에 보이는 이익만을 좇다가 생긴 마음의 응어리를 자연스럽게 풀 수 있었다. 걸어보면 안다. 돌아보면 누구나 아무것도 아닌 일에 터무니없는 집착을 보이거나 목숨을 걸기도 한다는 것을.
몽산포의 모래는 워낙 결이 고와 걸어도 발목이 빠지지 않아 피로감이 없다. 이곳 역시 한여름 피서철만 피한다면 언제나 조용한 곳이다. 마검포는 몽산포에서 청포대를 거쳐야 닿을 수 있는 작은 포구 마을이다. 포구엔 지금의 배 모양과는 사뭇 다른 배가 두 척 정박해 있고 등대가 있는 마을 끝 방파제 코너에는 드라마 세트장이 설치되어 있었다. 살아 있는 배경을 연출하기 위한 것이겠지만 마른 생선이며

바닥엔 멸치들이, 공중엔 또 다른 생선이 마르고 있다.

작은 그릇 같은 소품들이 도처에 널려 있어 드라마적 생동감과 상상을 불러일으킨다. 나중에 알게 되었지만 이곳이 바로 사극 '장길산'의 촬영지라고 했다. 드라마 촬영을 보기 위해 몽산포를 찾는 많은 여행자들이 마검포를 경유한다고 하는데 조용한 포구가 드라마 때문에 소란스러워질 것을 상상하니 조금 유감이다.

파도가 그림을 그린 해변.

마을 입구, 아주머니들이 긴 갈고리를 들고 멸치를 뒤집고 있다. 그 옆으로 갈매기로 보이는 죽은 새 한 마리를 막대기 끝에 매달아 놓았는데 마치 금방 사형 집행을 끝낸 죄수 같다. 애써 잡아온 멸치를 보호하기 위한, 이를테면 논가에 허수아비를 세우는 것과 같

해변가에서 멸치를 말리고 있는 아낙들.

은 효과를 노린 것일텐데 생명을 담보로 새들에게 보내는 경고메시지치고는 조금 끔찍하기도 하고 한편 애처롭기도 하다. 사람들이 갯바위낚시를 던지는 포구 등대에서 보면 조그만 섬 거아도는 손에 잡힐 듯 가깝다.

　서해안고속도로가 개통되면서 태안해안국립공원은 하루가 다르게 변화하는 곳 중 한 곳이다. 몽산포는 태안읍에서 약 12km 지점에 있지만 이곳에 숨겨 놓은 보물처럼 내가 아끼고 탐내는 것이 있다면 그건 끝없이 펼쳐지는 백사장이다. 몽산포에서 달산포와 청포대를 거쳐서 마검포까지 이어지는 긴 백사장은 눈짐작으로도 10km는 족히 되는 듯하다. 간조가 되었을 때, 이곳 백사장 폭은 250m쯤 바닥을 드러내며 길이는 약 3km쯤이라 하니 그만큼 경사가 완만하다는 것을 의미하는 것이리라. 뒤쪽으로는 건강한 소나무 숲이 끝없이 이어져 특히 산책을 하며 낙조를 보기에 더없이 좋은 곳이다. 이곳 백사장은 결이 곱고 단단하여 해마다 자동차 경주가 열리는 곳이기도 하다. 물론 자전거를 타기에도 좋다. 몽산포해수욕장은 그 옆에 한때 해수욕장으로 이용한 달산포와 청포대를 통틀어 보통 몽산포라고 부르기도 한다. 이 경우 몽산포 해안의 총 길이는 약 11~13km쯤 되는 것으로 알려지고 있다.

T O U R P O I N T

몽산포해수욕장 태안읍에서 안면도쪽으로 12km 떨어져 있는 몽산포해수욕장은 백사장길이 3.5km, 경사도 2도, 평균수심 1~2m, 평균수온은 22℃ 정도이며 모래밭과 울창한 소나무 숲으로 둘러싸여 있는 천혜의 조건을 두루 갖춘 해수욕장이다. 몽산포에는 약 20만 평의 오토캠핑장이 있어 단체여행을 즐길 수 있으며, 오토캠핑장 주위에는 농구장이며 족구장 등 스포츠를 즐길 수 있는 시설이 있다. 소나무 숲 사이로 산책로가 있어 산림욕도 즐길 수 있고, 몽대포구에서는 낚시도 즐길 수 있는 사계절 언제나 아름다운 해변이다.

몽산포 개펄체험 몽산포 해변은 모래개펄로 이루어져 개펄 생물들이 다양하게 서식하고 있으며, 모래언덕(사구)이 잘 발달되어 있어 자연생물관찰에 용이하다. 태안해안관리사무소에서는 이러한 자연과 생물, 그리고 생태계에 대한 자연해설프로그램을 모든 탐방객에게 무료로 제공하고 있다.

마검포 마검포에는 SBS 드라마 '장길산' 촬영을 위한 세트장이 설치되어 있다. 또한 태안해안국립공원 내에는 학암포, 연포, 몽산포, 청포대, 백사장, 삼봉, 기지포, 방포 등의 약 30여 개의 크고 작은 해수욕장이 있다.

둘러보기	안면도 일대 꽃지 등의 해수욕장, 안면도 휴양림, 만리포해수욕장, 학암포해수욕장, 청포대해수욕장 등
먹거리	생선회, 각종 해산물, 대하구이, 가오리, 꽃게탕, 대합조개구이
놀거리	개펄 생태 체험, 갯바위낚시, 조개잡이
가는길	서해안고속도로 서산 IC(32번 국도 - 서산 방면) - 태안(77번 국도 - 안면도 방면) - 남면(우회전) - 몽산포해수욕장
문 의	몽산포 번영회 www.mongsanpo.or.kr 몽산포 넷 www.mongsanpo.net 태안해안국립공원 홈페이지 www.npa.or.kr/taean/nnn.html

Section **14**

내가 아는 포구의 덕목은 여전히 기다림이다. 바다가 스스로 문을 열어줄 때까지 포구가 할 수 있는 일은 마냥 기다리는 것. 그 긴 기다림이 포구를 성자 같은 존재로 만들었을 거라 상상하는 일은 어렵지 않다.

태안 드르니나루터에서 보낸 하루

들어와 살았다고 드르니겠지 뭐

내게 포구란 **사색**의 다른 이름이다. 삶의 본질에 닿을 수 있는 길이 무엇이며, 마지막으로 끝점에서 보여줄 **뒷모습**을 상기시키는 곳이다. 포구는 어부들이 만선의 깃발을 휘날리며 개선행진곡을 부르는 공간만은 아니다. 삶의 시련과 애환이 고스란히 묻어 있는 장소이며 오붓한 **내일을 준비**하는 진취적이고 미래 **지향적인 공간**이다.

浦口

마검포를 떠나 드르니나루터로 차를 돌린 건 순전히 이정표에 붙은 지명 때문이다. 드르니나루터, 길 위의 여행자라면 이 생소한 지명에 궁금해 하지 않을 사람이 얼마나 있을까? 도로표지판에는 신온 1리와 신온 2리로 표시된 곳이 있고, 그냥 윗드르니, 아랫드르니로 표시된 곳도 있다. 추측이지만 드르니는 예전 우리말 지명이 아니었을까? 포구라는 말도 좋지만 나루터라는 순우리말 앞에 드르니를 붙이니 더욱 재미있다.

그 날 드르니를 찾아간 시간은 먼바다에서 조업을 마친 배가 하나 둘 바쁘게 돌아오는 늦은 오후였다. 포구로 들어서자 어선을 따라온 갈매기들의 소란으로 시끄럽다. 지도를 펼쳐보니 알겠다. 바로 건너 저곳이 백사장항이다. 백사장항은 그 명성답게 많은 여행자들과 어선과 관광객들로 붐비고 있었다. 지금은 그냥 드르니포구라 칭하지만 예전엔 건너 백사장항까지 사람들을 실어 나르는 나룻배가 있었던 모양이다. 알고 보니 드르니도 전엔 독립된 섬이었지만 길을 이어 육지가 된 곳이라 하니 바로 눈앞에 백사장항을 들고나는 나루터가 있었다는 말이 조금은 이해가 되었다.

마을 이름이 왜 드르니인지 물었지만, "글쎄요. 잘 모르겠는데요. 그건 왜 묻는디? 그건 알아서 뭣혀?" 사람들의 반응은 제 각각이다. 나이 지긋한 아저씨에게 물었을 때도 크게 다르지 않았다. 마지막으로 단 한 분만이 잘 모르지만 "포구가 움푹한 곳에 들어와 있어서 배가 들어온다는 의미로 드르니라 했거나, 아니면 사람이 들어와서 살았다고 드르니라 했것지 뭐." 나는 결국 이 독특한 마을 이름의 유래를 알아내지 못한 채 발길을 돌려야 했다. 몇 십년 뿌리를 내리고 사는 그곳 사람들이 모른다면 대체 이 독특한 이름의 유래는 누가 알겠는가.

후일 태안해안국립공원 관리소를 통해 알아본 답은 나의 상상과 크게 다르지 않았다.

"우선 '드르니'는 마을이름으로 맞은편에 있는 안면도에서 배를 타고 사람들이 계속 들어온다 하여 그대로 들은이라 했으나 소리 내기 쉽게 들은이가 드르니로 변하여 그 유래가 된 것이다. 또한 윗드르니는 드르니마을의 위쪽에 형성된 마을이므로, 편의상 윗드르니라 호칭한 그대로 마을 이름으로 굳어졌으며, 아랫드르니는 윗드르니의 아래쪽인 남쪽 바닷가에 형성된 마을을 지칭하는 것인데, 본래 이곳에서 나룻배가 마주 보이는 안면도 백사장과 내왕하던 곳이기도 하다."

진정 백사장항을 보고 싶다면 백사장항에 가지 말기를 당부하고 싶다. 백사장항을 손바닥 보듯 훤하게 볼 수 있는 곳이 바로 드르니포구이기 때문이다. 육로로 걸어도 별로 먼 거리는 아니지만 그곳 드르니에서 가장 빠르게 백사장항에 이르는 방법은 배를 타는 것이다. 그래서 예전 사람들은 길을 놓기가 쉽지 않아 작은 배를 이용하여 쉽고 빠르게 건너다녔을 것이다. 그래서 붙여진 이름 드르니나루터.

오후가 되자 주로 꽃게와 왕새우를 잡은 어선들이 하나 둘 포구

백사장항에 정박해 있는 어선들.

해변가에 세워진 개펄 대장군.

로 모여들었다. 대부분 백사장항에서 입찰로 고기를 넘겨주고 드르니포구로 돌아오는 배들이었다. 방파제 끝에서 몇 사람이 낚시를 하고 있다. 흐린 날씨로 일몰은 보기 어렵겠다 싶은 지 한 남자가 낚시를 거두며 돌아갈 준비를 하고 있었다. 고기를 많이 잡았느냐 묻자 "그냥 좀 잡았시유, 망둥이 낚으러 온 게 아니라 시간 보내려고 왔지유!"다. 도구를 챙겨 돌아가는 그의 등뒤로 흐린 하늘이 무겁게 가라앉아 있었다.

태안해안국립공원 내 어쩌면 가장 활기 있는 포구 중 하나가 바로 백사장항이다. 이곳 백사장항의 수산물위판장은 하루 종일 사

밀물이 급하게 들어오고 있다.

람들로 붐빈다. 관광버스가 계속 사람을 부리더니 단체손님이나 가족단위의 여행자들이 눈에 많이 뜨인다. 특히 꽃박람회가 열리는 봄은 이곳 일대가 인산인해를 이룬다고 하는데 그때를 대비해서인지 일반 음식점도 많고 왕새우나 조개 등을 구워서 먹을 수 있는 포장마차도 즐비하다. 살아 있는 싱싱한 고기들이 수족관에서 손님을 부르는 풍경은 포구 어디나 쉽게 접하듯 이곳 백사장항도 예외는 아니다.

몇 시간째 걷고 또 걸으며 포구에 머물었다. 간조가 된 바다는 어느 목선도 바다의 문하에 들지 못하도록 수문을 닫은 상태여서 한쪽으로 기우뚱 쏠려 있는 작은 목선을 보며 '고갈'이라는 단어를 떠올린다. 갈매기들은 바다 못지 않게 자주 찾아오는 포구의 단골 산책자들이다. 낡은 뱃전을 기웃대며 바다를 따라 어린 고기들이 머물다 떠났을 포구, 어느 바다도 그곳이 자신의 영토임을 주장하지 않지만, 나 같은 여행자는 물론 철없는 갈매기들조차 그곳이 바다의 영역임을 의심하지 않는다.

포구에 닻을 놓고 휴식에 든 배가 햇살 아래 졸고 있다. 한가로움과 고단함이 그대로 묻어 있다. 아무리 시간이 흘러도 지워질 것 같지 않은 얼룩 같은 흔적이 나그네에게 연민을 불러일으키기에 충분하다. 내가 아는 포구의 덕목은 여전히 기다림이다. 바다가 스스로 문을 열어줄 때까지 포구가 할 수 있는 일은 마냥 기다리는 것. 그 긴 기다림이 포구를 성자 같은 존재로 만들었을 거라 상상하는 일은 어렵지 않다. 품이 넓은 포구는 어떤 여행자일지라도 돌아와 자신의 품안에서 쉬기를 타이르며 지금껏 무엇 때문에 그리 바쁜 속도에 휘둘려야 했는지 한번

백사장항에서 아낙들이 어구를 손질하고 있다.

11월에 가장 많이 잡히는 것은 '대하'이다.

백사장 도처에 자동차들이 질주하는 모습을 볼 수 있다.

쯤 돌아보게 한다. 그리고 휘어진 등을 자신에게 기대 쉬어가라고 손목을 잡는다.

내게 포구란 사색의 다른 이름이다. 삶의 본질에 닿을 수 있는 길이 무엇이며, 마지막 끝점에서 보여줄 뒷모습을 상기시키는 곳이다. 포구는 어부들이 만선의 깃발을 휘날리며 개선행진곡을 부르는 공간만은 아니다. 삶의 시련과 애환이 고스란히 묻어 있는 장소이며 오붓한 내일을 준비하는 진취적이고 미래 지향적인 공간이다. 떠나고 돌아오는 일이 무엇인지를 가르치는 포구와 사귀게 되면서 나는 천천히 평화로워지는 법을 배우고 만끽했다. 그것은 다분히 문명적이고 모던한 기법의 추상화에 길들어 있던 내가 어느 날 수묵담채화에 혼을 빼앗길 때처럼 담담하면서도 평화롭다. 나는 어느새 포구로 하여금 묵시적이고도 따사로운, 성자들만이 누릴 수 있는 침묵의 중독자가 되어 있었다.

민박집에 배낭을 풀고 수첩 귀퉁이에 적은 메모를 보니,

시계와 휴대폰 버리기, 커피 한 잔을 세 시간 동안 마시기, 바닷가 언덕 위를 하루 종일 걷기, 걸으면서 저녁을 기다리기, 바다 앞에서 큰소리로 노래 부르기, 밤중에 일어나 보름달 만나기, 푸른 새

벽 껴안기, 낡은 것들에게 경의를 표하기, 서서 자는 것들을 존경하기, 선창에서 일몰 보기, 가진 것을 모두 바다에 던져버리기, 은빛 해풍으로 샤워하기, 방파제에서 마을과 포구 그 뒷면 바라보기, 아무도 기다리지 말기, 하늘에 그림 그리기, 휘파람 불기, 이불이나 외투를 뒤집어쓰고라도 창문은 열어두기, 그리고 모두모두 사랑하기다.

TOUR POINT

신온항(드르니) · 백사장항 태안 신온(드르니)항과 안면도의 백사장항은 마주보고 있다. 고려부터 조선시대까지 삼남지방의 세곡을 서해안의 해로를 따라 서울로 운송하던 안면곶(安眠串)은 거점항으로서 중요한 위치에 있었으며, 조운의 편리를 위하여 조선 인조 때(1645~1647년경)에 판목(창기리와 남면 신온리 접경)을 굴착하여 운하를 만듦으로써 안면곶이 섬으로 변하여 안면도의 운명이 바뀌게 되었다. 이때부터 백사장포구에서 남면 신온리의 드르니포구, 우포에서 서산 부석면 창리 창촌포구는 선박을 이용하여 태안 및 서산의 육지로부터 고립되었다. 1970년에는 다리를 건설하여 신온항과 백사장항이 연결됨으로써 해산물을 찾는 외지인의 발길이 점차 증가하여 관광, 휴양지로 각광받고 있다.

백사장해수욕장 안면도에 들어서면 가장 먼저 만나는 해수욕장으로 안면도 북단인 백사장포구 옆에 있는 해수욕장이다. 이곳 역시 모래 질이 좋아 해수욕장으로 손색이 없다. 이곳 해수욕장에는 방파제가 있어 안온한 느낌을 받는다. 근처 백사장포구를 둘러보아도 좋고 해질 무렵 한적한 송림을 걷는 맛이 괜찮다.

둘러보기	안면도 자연휴양림, 모감주나무 군락지, 백사장해수욕장, 몽산포해수욕장
먹거리	생선회, 각종 해산물, 대하구이, 꽃게탕, 대합조개구이, 바지락칼국수 등
놀거리	낚시, 수산물직판장 돌아보기
가는길	서해안고속도로 홍성 IC(29번 국도 해미 방면) - 갈산삼거리(좌회전 - 662번 지방도의 서산간척지 방면) - 서부(40번 지방도) - 서산간척지 방조제 - 원청삼거리(좌회전 - 77번 국도 안면도 방면) - 안면교 - 안면읍 - 드르니
문 의	태안군청 문화관광과 041 - 670 - 2544~5 태안해안 관리사무소 041 - 672 - 9737 국립공원관리공단 태안해안사무소 http://tour.taean.go.kr

Section 15

하루의 시작인 일출을 볼 수 있는 곳이 동해라면 하루의 끝인 일몰은 역시 서해다. 좁은 땅 안에 시작과 끝이 분명한 두 지역은 동적인 곳과 정적인 곳의 대비라 해도 틀린 말은 아니다.

아름다운 이름 꽃지

바 다 에 취 하 고 노 을 에 취 해

예쁜 아내가 자꾸만 입을 크게 벌리고 하품을 하자 앞치마를 두른 **남편**이 만두 빚던 손으로 그녀의 등을 토닥여주고 있었다. "그래, 힘들지? 조금만 더 참자. 응!" 들리진 않았지만 행동이나 **눈빛**으로 보아 믿음직한 남편은 아내에게 분명 그렇게 말하고 있는 듯했다.

방포를 경유하지 않고 꽃지로 갈 수 있다면 그건 하늘이거나 바다일 것이다. 그것이 내가 아는 꽃지로 가는 방법이다. 이름 때문인지 문명의 이기가 빚은 현란한 시설 때문인지 태안해안국립공원 중 가장 많은 사람들이 붐비는 곳은 역시 꽃지해수욕장이다.

그러나 목적지를 어느 곳으로 정하든 입구에 들어서면 걸음을 멈추게 하는 곳이 방포와 꽃지 사이에 있는 할미·할아비바위다. 두 바위는 불과 몇 미터를 사이로 마주보고 있는데 앞의 작은 바위가 할미바위이고 뒤의 큰 것은 할아비바위이다. 이 바위 명칭은 앞에 있다는 이유 때문인지 보통 할미·할아비바위라 하여 할미를 앞세워 부른다. 사람들은 큰 바위와 작은 바위 사이로 석양이 질 때 가장 볼 만하다고 입을 모으는데, 이곳은 간조 때 걸어서 들어갈 수 있으며 바위 위에 다투어 자라는 나무와 식물이 자라는 곳으로 한번쯤 걸어서 가볼 만하다.

꽃지와 방포는 형제나 다름없다. 이 두 곳은 나란히 붉은 구름다리를 사이에 두고 나누어지는데 방포는 포구가 마을 안으로 깊게 들어와 있어 만조 때는 호수처럼 마을 안쪽에 바다가 형성되어 색다른 맛을 풍긴다. 포구 주변으로는 노을을 감상하며 즐길 수 있는 횟집이며 음식점들이 즐비하여 할미·할아비바위로 지는 석양을 보기에 불편이 없다.

이곳은 해마다 근처에서 열리는 꽃박람회로 많은 사람들의 시선을 모은 탓인지 대책 없이 늘어만 가는 주변시설들로 인해 조용하고 한가하던 예전의 모습은 찾기 어렵다. 그러나 사람들이 많아지면서 안면도 일대 포구들이 삶의 활기를 찾아가고 있어 이제 경제

방포항에 정박해 있는 어선들.

가 풀리고 살 만하다는 어민들의 반응은 누구라도 묵과할 수 없는 부분이다. 굳이 명성에 힘입어 방포나 꽃지를 고집하지 않고 조금 다리품을 팔면 맑은 바다와 더불어 백사장과 숨어 있는 보석 같은 송림이나 해변을 얼마든지 찾을 수 있다.

  내가 자란 동해에도 넓은 백사장은 도처에 있다. 어릴 적 기억을 더듬으면 끝이 보이지 않을 만큼 길고 눈이 부시도록 고운 백사장이었는데 도시에서 철이 들고 어른이 되어 돌아간 백사장은 더 이상 크지도 눈부시지도 않았다. 소인국에 간 걸리버처럼 바다는 손수건만큼 작았고 뒷산은 언덕보다 얕았으며 아득하고 멀기만 했던 길들은 왜 그리 짧은지. 그에 비하면 몽산포나 꽃지백사장은 그야말로 끝없이 펼쳐진 백사장과 아름다운 소나무 숲을 인정할 수밖에 없다.

  동해는 수심이 깊은 반면, 서해는 수심이 얕고, 동해의 굵은 모래에 비하면 서해안 모래는 가루처럼 곱고 단단해 아이들이 놀기에 적합하다. 서해에는 어디서나 개펄을 접할 수 있고 조개를 캐거나 그

밖의 놀이를 통해 생태 체험을 즐길 수 있다.

하루의 시작인 일출을 볼 수 있는 곳이 동해라면 하루의 끝인 일몰은 역시 서해다. 좁은 땅 안에 시작과 끝이 분명한 두 지역은 동적인 곳과 정적인 곳의 대비라 해도 틀린 말은 아니다.

한나절 백사장에 앉아 끝없이 부서지며 밀려오는 파도를 보고 있으면, 퇴근길 가난한 가장이 콧노래를 부르며 과일봉지를 들고 총총 걸음으로 귀가하는 모습을 훔쳐볼 때처럼 그냥 기분이 좋다. 그러나 하루해가 산이 아닌 바다로 모습을 감추고, 드디어 노을의 여운도 수평선으로 사라지고 나면 어둠의 결이 바다를 걸어나와 마을과 사람을 어루만지는, 수없이 만났지만 낮과 밤이 교차하는 순간만큼은 늘 감동적이어서 몸은 노동을 마친 저녁처럼 지쳐도 마음은 새벽처럼 일어나 세상을 껴안고 싶을 때가 바로 이때다.

송림 근처에서 휘어진 등을 굽히고 쓰레기를 줍는 노인의 머리가 땅에 닿을 것만 같다. 보지 않았으면 좋았으련만, 본 이상 아무렇지 않게 그 앞을 지날 수는 없다. 나는 죄인의 심정이 된다. 쌓인 쓰레기를 보며 왜 불쾌해야 하는지, 한번쯤 그 이유를 생각해본 사람이라면 무책임한 방종이 타인에게 얼마나 불편한 결과를 초래하는지 알 것이다. 그러나 공원이나 유원지 입구 혹은 아주 상쾌해야 할 낭만적인 장소에서 왜 준법정신을 생각해야 하며 교조적인 윤

리책 앞 구절을 떠올려야 하는지 나는 아직도 지금의 이런 현실이 잘 이해되지 않는 사람이다. 어제도 보았고 오늘도 보았지만 그러나 내일은 보고 싶지 않은 '기초질서를 지킵시다', '바르게살기운동실천협의회'.

꽃지 백사장, 짝을 이루어 날고 있는 갈매기.

보통 이 일대에는 모델이나 펜션 개념의 숙박시설이 많이 들어서 있지만 근자에 문을 연 오션캐슬콘도는 꽃지해수욕장의 분위기를 바꾸는데 일조를 했다고 볼 수 있다. 서해안고속도로를 달리다가 홍성나들목을 이용하지 않고 서산나들목을 이용해 아래 서남쪽으로 내려가다 보면 차례대로 서쪽 해안을 따라 약 30여 개의 크고 작은 해수욕장이 있는데 대표적으로 학암포해수욕장, 연포해수욕장, 몽산포해수욕장, 청포대해수욕장, 백사장해수욕장, 삼봉해수욕장, 기지포해수욕장, 밧개해수욕장, 방포해수욕장, 꽃지해수욕장으로 이어지며 이곳을 바로 태안해안국립공원이라 지정하고 있는데 이 일대 어느 곳을 들러보아도 깨끗한 바다와 아름다운 낙조를 볼 수 있다.

오션캐슬콘도는 호텔급의 최고 시설을 갖추고 있고 객실 어디서나 한눈에 탁 트인 서해를 조망할 수 있어 결혼기념일이나 생일을 맞은 부부에게 한번쯤 권하고 싶은 곳이다. 특히 저녁시간에 가족이나 친구, 연인들끼리 야외 바에서 라이브음악과 해물요리를 앞에 놓고 정담을 나누며 낙조를 감상하다보면 아무리 답답한 현실도 그 순간만큼은 눈 녹듯 사라져 세상에서 가장 고귀한 귀족이 된

듯한 기분을 맛볼 수 있다. 해안도로와 인접한 이 야외 바는 기존의 송림을 그대로 살리면서 바닥을 원목으로 처리해 맨발로 걷기에 더없이 좋다. 오른쪽 통로로 들고나는 얕은 쪽문은 안팎이 수동으로 개폐하게 되어 있는데 좁은 공간의 작은 배려지만 다분히 자연 친화적이어서 눈길을 끈다. 그 문을 통해 야외식당으로 들거나 바로 앞에 있는 백사장으로 나가는 길은 누구에게나 어떤 제한도 없이 자유롭다.

배낭여행을 좋아하는 나는 평소 선창의 포장마차나 조용한 포구 민박집을 선호하지만 아주 가끔 일상에 지친 나를 극진히 예우하고 싶을 때, 최고의 전망과 시설을 갖춘 숙소를 찾는다. 그것은 허영도 사치도 아니며 잠깐이지만 최상의 예우를 받을 수 있는 세상 달콤한 모습의 한 단면일지니, 스스로 선택한 이상 당당히 즐기는 건 귀중한 권리이자 당연히 누려야 할 몫이 아닐까.

그 날 꽃지 바다에 취해 자정이 지나서야 내가 사는 도시로 돌아올 수 있었는데, 좁은 사거리에서 신호를 기다리느라 횡단보도 앞에 잠시 차가 멈춰 있을 때다. 요즘 흔하게 볼 수 있는 한 판에 천 원 하는 만두집이었는데 30대 초반으로 보이는 젊은 부부가 나란

조업을 마치고 방포항으로 돌아오고 있는 어선들.

여객선을 따라오는 것은 갈매기 밖에는 없다.

히 만두를 빚고 있었다. 주변에 늦도록 술집들이 문을 여니 그 손님을 겨냥해 심야영업을 하는 듯했다. 그런데 예쁜 아내가 자꾸만 입을 크게 벌리고 하품을 하자 앞치마를 두른 남편이 만두 빚던 손으로 그녀의 등을 토닥여주고 있었다. "그래, 힘들지? 조금만 더 참자. 응!" 들리진 않았지만 행동이나 눈빛으로 보아 믿음직한 남편은 아내에게 분명 그렇게 말하고 있는 듯했다.

 모르긴 해도 허리띠 조이며 그렇게 눈 질끈 감고 생활전선으로 뛰어들어 하루하루 힘든 나날을 보내는 부부일 터인데 두 사람이 나누는 격려는 뒤차가 연신 클랙슨을 눌러 재촉하지 않았다면 나는 오래도록 그 모습에 취해 귀가조차 잊었을 지도 모르겠다. 포구도 좋으나 도시에서 만나는 사람들의 온기 있는 풍경은 피곤하지만 하루의 마감을 흐뭇하게 한다. 어떤 일이든 열심히 최선을 다하는 젊은이들은 보는 것만으로도 넉넉하고 뿌듯하다. 그러나 행복이란, 더 많은 물질의 소유가 아니라 느끼고 나누는 정신의 풍요라고 늦은 밤까지 다리가 붓도록 만두를 빚어야 살 수 있는 저들에게 자신 있게 말해 줄 수 있을지 새삼 반문해본다. 누가 붙인 이름일까? 그 후에 다시 보니 젊은 내외가 하는 만두집 이름은 '대왕만두'였고 또 얼마 전 다른 도시에서 맛있게 먹었던 만두집 상호는 '보배네만두' 였다. 간판을 보면 이들 만두집은 모두 사람을 귀하게 여기는 것 같아 신뢰가 가는 집이다.

TOUR POINT

꽃지해수욕장 · 방포해수욕장 안면읍 소재지에서 서남쪽으로 4km쯤 떨어져 있는 꽃지해수욕장은 길이 3.2km, 폭 300m의 백사장을 거느리고 있다. 또한 해변의 경사가 완만하고 물빛이 깨끗하며 수온이 적당해서 해수욕장으로서의 입지조건이 아주 좋다. 바로 옆에는 방포항이 자리 잡고 있어서 싱싱한 생선을 맛 볼 수도 있고, 해수욕장 앞에는 썰물 때를 이용하여 건너갈 수 있는 전설의 할미바위와 할아비바위가 있다.

안면도 자연휴양림 안면도 자연휴양림은 국내 유일의 소나무 단순림으로서 수령 100년 내외의 천연림이 430ha에 집단적으로 울창하게 자라고 있다. 태안읍에서 안면도 방면 3km에 위치하고 있다. 휴양림 안에는 야영장, 체력단련장, 전망대, 수목원, 산림전시관이 있다.

안면해수욕장 안면해수욕장은 안면의 중심에 위치한 해수욕장으로 백사장이 길고 모래의 질이 좋아 해수욕장으로 손색이 없다. 그러나 아직 이곳은 주변의 다른 지역에 비해 개발이 조금 늦춰지고 있어 조용한 곳을 원한다면 가볼 만한 곳이다. 근처에 송림이 있고 안면읍에서 비교적 가까운 곳에 위치하고 있어 야영객이나 가족 단위의 여행자들도 한나절 쉬어갈 만한 적지로 손꼽힌다.

둘러보기	황도포구, 방포포구, 고남패총박물관, 영목항, 가경주마을, 영화예술촌 등
먹거리	생선회, 각종 해산물, 대하구이, 가오리, 꽃게탕, 대합조개구이 등
놀거리	갯바위낚시, 개펄 체험, 염전 체험, 조개잡이 등
가는길	서해안고속도로 홍성 IC(29번 국도 해미 방면) - 갈산삼거리(좌회전 - 662번 지방도의 서산간척지 방면) - 서부(40번 지방도) - 서산간척지 방조제 - 원청삼거리(좌회전 - 77번 국도 안면도 방면) - 안면교 - 안면읍 - 꽃지해수욕장
문 의	태안군청 문화관광과 041 - 670 - 2544~5 태안해안 관리사무소 041 - 672 - 9737 국립공원관리공단 태안해안사무소 http://tour.taean.go.kr

Section 16

나는 석모도에서 낚시를 하고 돌아오는, 자신의 영혼 속으로 잠수한 한 성자를 보고 있었던 것일까?

외포리 와 황청포구

그 섬이 그리운 날

오래도록 내 기억에 남아 있는 **메시지**는 표지가 다 닳은 하이네의 **시집**이었는데 첫 장을 넘기자 "오늘 포구에서 네 손을 잡는 순간 가슴이 터지는 줄 알았다. 너와 **결혼**하고 싶다."라는 글귀였다. 그 책은 아쉽게도 **책장**이 뜯겨나가 11월 12일이라는 날짜만 있고 몇 년인지는 적혀 있지 않았다.

浦口

한강을 따라가다 보면 서쪽 끝이 바다와 만나는 곳이 있는데 바로 강화다. 언젠가 겨울 강화의 풍경을 '빙어낚시' 란 제목으로 노래한 적이 있었는데 그곳이 강화 분오리 낚시터다. 강화는 황해도 연백군과 개성시 개풍군이 손에 닿을 듯 가까운 가장 서북쪽에 위치한 남한 땅이다. 불과 1년 전만 해도 강화군의 송해면, 양사면, 교동면에 가면 밤마다 귓전에서 웅웅거리는 대남 방송을 들을 수 있었는데 행인지 불행인지 대남 대북 방송도 추억 속에만 있고 지금은 그 소리를 들을 수 없다. 그러나 강화읍에서 그리 멀지 않은 지석묘를 지나고 철산을 지나면 건너편으로 강화군에서 가장 큰 섬으로 알려지고 있는 교동도가 보이는 인화와 망월을 지나 조금만 더가면 황청포구를 만날 수 있고 황청포구에서 조금만 더 가면 길은 곧 외포리로 이어진다.

외포리는 보문사가 있는 석모도 가는 배가 수시로 들고나는 선착장이 있어 일반에게 많이 알려진 곳인데 외포리 하면 왠지 헌책방 냄새가 나는 것 같고 무성영화에서나 볼 수 있는 흑백의 그림을 대하는 듯한 느낌을 떨칠 수가 없다.

한강을 따라 하류로 내려가다 보면/서로 등을 기대 쉬고 있는 거대한 유빙의 무리들/혹 거기가 남극 아닌가 하겠지만 그건 아니다/겨울 물오리 떼에게 강화도 드는 길을 물어/갑곶돈대 · 광성보 · 덕진진 · 초지진 지나/마니산 아래 장곶돈대 못 미쳐 분오리낚시터에서/걸음을 멈추고 빙어를 낚아본 사람은 알 것이다/추위라는 게 생인손 욱신거리는 통증인지 아닌지/사람들은 저마다 몇 개씩 얼음 구멍을 끌어안고/입술 굳게 다문 채 얼음 경전을 읽고 있는 그 곁/입안 가득 담배꽁초를 물고 쓰러진 빈 소주병을 보면 안다/저 냉담한 얼음 사막의 추위말고는 아무도 간절할 게 없어서/더욱 간절해지는 1월의 분오리낚시터/누가 저수지 바닥에 영혼을 기대 사는지 알고 싶다면/고작 구더기 미끼에 걸려들어 몇 번 몸부림으로/얼음꽃이 되고 마는 빙어에게 물어보면 된다/왜 추위를 견뎌야 하며 견딜 수밖에 없는지/가슴에 소주를 붓는 일은 구석진 바닥/은밀히 썩어 가는 영혼을 위한 몸부림이라 해도 좋겠다/가끔은 그렇게 추위를 앞세워 소주에 입맛당기는/안주를 찾아 그 작고 빛나는 것이 속을 다 보이는 데도/에라 모르겠다 다시 소주 한 모금에 초장 찍는 길 위의 우리들도/이쯤에선 오기를 접고 돌아갈 시간을 걱정해야 한다/곧 일몰이 낚시터에 어둠과 칼바람을 부릴 것이니

가난한 학창시절을 벗어나 성년이 된 그때까지도 헌책방만을 고집하던 때가 있었다. 안경을 코끝에 걸친 늙은 주인은 "그 쪽으론

외포리 가는 길에 갈대가 눈부시다.

물이 빠진 개펄에 배가 기우뚱 쏠려 있다.

다 뒤져도 뭐 별 거 없을 거야!"라며 자꾸만 구석을 파고드는 내가 못마땅한 듯 등뒤에다 눈화살을 쏘면 나는 "어떤 책이 있나 구경 좀 하려구요."라고 얼버무리며 시간을 보내곤 했었다. 그 시절에도 내 관심 분야는 오로지 시집이나 창작이론서 같은 것이었는데 손바닥만한 시골 헌책방에서 그런 책을 기대한다는 것부터 얼마나 웃기는 일인가. 그러나 책장마다 밑줄 친 구절을 훔치듯 읽으며 한번도 본 적 없는 사람을 떠올리는 일은 은밀한 즐거움이 아닐 수 없었다. 가끔은 단풍잎이나 행운의 네잎클로버를 발견하는 소박한 기쁨도 누리지만 친구의 생일이나 결혼기념일에 아내 혹은 남편에게 주는 한 줄의 메시지는 괜히 읽는 사람까지 기분을 달뜨게 만든다.

오래도록 기억에 남는 메시지는 표지가 다 닳은 하이네의 시집이었는데 첫 장을 넘기자 "오늘 포구에서 네 손을 잡는 순간 가슴이 터지는 줄 알았다. 너와 결혼하고 싶다."라는 글귀였다. 그 책은 아쉽게도 책장이 뜯겨나가 11월 12일이라는 날짜만 있고 연도는 없었다.

여객선을 따라 사람들이 던져주는 새우깡을 받아 먹는 갈매기들.

늦가을 한 남자는 짝사랑하는 여자와 포구로 여행을 갔을 것이다. 해가 기울자 기다리던 순간을 놓치지 않으려 거듭 심호흡을 하고 드디어 그녀의 손을 잡았을 때 여자는 몸을 비틀며 얼굴을 붉혔을 것이고 남자는 그런 그녀가 사랑스러워 마음을 굳혔을 것이다. 그날 차마 결혼하자는 말까지는 용기를 낼 수 없었던 남자는 고민 끝에 서점으로 달려가 시집을 샀을 것이고 그 첫 장에 세상에서 가장 아름다운 말을 골라 자신의 마음을 적었을 것이다. 그렇게 건넨 하이네 시집이 왜 시골 헌책방 구석에 버려진 아이처럼 있었을까? 그렇게 누군가의 지난 시간을 유추해 보는 일은 헌책을 고르면서 맛보는 짜릿한 재미에 속한다. 나는 헌책방에서 나는 그 아리송한 향기인지 냄새인지 모를 그것을 무척이나 좋아했었다. 곰팡이와 먼지와 온갖 사연이 만들어낸 디지털 시대엔 감히 상상할 수조차 없는, 마치 흑백의 무성영화 같아 생각만으로도 흐뭇해지는 곳이 바로 외포리다.

10월 초 외포리 일대는 새우젓 축제가 한창이다. 해마다 김장철을 앞둔 이맘때면 선착장 주변에 젓갈시장이 열리는데 아마 우리나라 한 해 김장 젓갈을 모두 충당할 수 있을 만큼 풍성한 새우젓이 거래되고 있었다. 강화에서 새우젓보다 더 유명한 것은 밴댕이젓이지만 밴댕이는 제철이 아니라 하고, 요즘 나는 새우젓은 추젓이라고 하는데 김장용으로 쓰인다고 한다. 헌책방의 추억을 떠올리며 찾아간 외포리는 새우젓과 밴댕이젓 냄새 외 별다른 것은 느낄 수 없었다.

 외포리에서 석모도 가는 배는 15~20분 간격으로 운행하고 있어 한나절에 보문사나 서쪽의 크고 작은 포구에 들르는 일은 별 문제가 없다. 외포리선착장에서 빤히 보이는 석포선착장까지는 배로 10분이면 족하다. 배를 탈 때 여행자들을 즐겁게 하는 것은 무리지어 따라다니는 갈매기떼다. 그들의 수다는 아무리 많은 이야기를 해도 결론 없이 끝나는 회의장을 연상시킨다. 그들은 새우깡에 길들여져 배의 출발과 동시에 먹이를 쫓아 일제히 움직이는데 사람들이 재미 삼아 던지는 새우깡을 순식간에 낚아채는 고공기술은

김장철을 앞두고 새우젓시장이 열리는 외포리.

잘 훈련된 명견을 연상시킨다. 여행자들은 그들이 던지는 먹거리가 갈매기들의 건강한 노동을 방해하고 있다는 사실은 알지 못한다. 누구라도 재미 삼아 던지는 먹이가 그들에게 생을 거저 먹을 수 있는 법을 가르치는 것이라 한다면 한번쯤 생각해 봐야 할 문제가 아닌가.

배가 석모도에 닿자 우선 사람부터 우르르 빠져나가고 다음으로 자동차가 줄을 지어 밖으로 나간다. 같은 배를 타고 왔지만 모두 뿔뿔이 흩어져 제 갈 곳으로 떠나는 사람들의 모습이 왠지 쓸쓸하다. 뒤를 따라오던 갈매기들은 또 다시 새로운 사람들이 던지는 먹이를 기다리며 뱃전을 맴돌고 있다. 모두가 다르지만 그러나 같은 일상들.

돌아오는 배 위에서 낚시를 끝내고 뭍으로 돌아오는 초로의 신사를 만났다. 해바라기를 하고 앉은 그의 시선은 바다가 아닌 하늘에 머물러 있었다. 어디서 왔는지, 고기를 얼마나 낚았는지, 해가 지면 돌아갈 집은 있는지, 집이 없다면 어디로 가는지, 감히 말조차 붙일 수 없는, 모든 것을 초월한 듯한 눈과 눈빛. 바로 앞에서 카메

라를 열었지만 그는 아무런 반응도 보이지 않았다. 나는 석모도에서 낚시를 하고 돌아오는, 자신의 영혼 속으로 잠수한 한 성자를 보고 있었던 것일까?

TOUR POINT

외포리선착장 일대 강화도는 땅의 기운이 힘찬 고장으로 이름나 있다. 그래서인지 먹거리도 풍성하다. 외포리와 황청포구에서는 싱싱한 숭어를 비롯하여 여러 가지 회를 맛볼 수 있고, 잠시 여유가 있다면 외포리여객터미널 인근 젓갈어시장을 둘러보는 것도 좋다. 국내산 새우와 천연소금을 사용하고 토굴 숙성 과정을 거쳐 젓갈은 살도 통통하고 단맛이 난다. 물품은 많지 않지만 맛깔스런 오젓·육젓·추젓·자하젓 등 새우젓과 황석어젓, 밴댕이젓을 비롯해 생새우, 바닷가재, 까나리 등을 말린 어포를 살 수 있다. 농가에서 재배한 순무, 속이 노란 고구마 등을 판매하는 농민 직판장이 길가에 널려 있다. 보문사로 유명한 석모도와 강화도의 부속 도서로 출발하는 여객선을 탈 수 있는 곳이기도 하다.

마니산 해발 468m의 마니산은 정상에는 단군성조께서 하늘에 제천외식을 봉행하던 참성단을 품고 있는 명산으로, 매년 전국체전 개최시 성화를 채화, 봉송하고 있다. 또한, 등산로를 따라 918개의 돌계단을 올라가노라면 서해바다 풍경이 한눈에 들어와 가슴이 탁 트이고 섬·바다·들판의 어우러진 풍경은 보는 이로 하여금 황홀한 느낌을 만끽케 한다. 정상에 오르는 여러 개의 등산코스가 있어 특성에 맞게 산행을 즐길 수 있다.

전등사 유서 깊은 삼랑성 내에 위치한 전등사는 당초 진종사로 불리었으며 창건 연대는 오랜 세월에 잊혀져 아득하나 전등사의 이름은 고려 충렬왕의 정화왕비가 옥등을 전한 데서 유래되었다. 대웅전(보물 제178호)은 1621년 건립되었고 약사전(보물 제179호)은 조선 중기 건물이며 경내에는 명부전, 삼성각, 적묵당, 향로전, 대조루, 극락암 등과 많은 탱화 및 청동수조와 범종이 있으며 병인양요 당시 양헌수장군의 승전비도 경내에 있다.

둘러보기	강화역사관, 강화해안순환도로, 선수포구, 이규보 묘
먹거리	밴댕이회, 숭어회, 꽃게, 농어회, 병어회, 준치회, 낙지, 대하, 생굴, 속이 노란 고구마, 순무김치, 각종 젓갈류
놀거리	드라이브, 자전거 타기, 밴댕이낚시, 바지락 캐기, 굴 따기
가는길	**1코스** 48번 국도 - 강화 제1대교 - 강화버스터미널 - 세광아파트 - 찬우물삼거리 - 안양대학교 - 인산저수지 - (우회전) - 외포항 - (직진) - 황청포구 **2코스** 48번 국도 - 대곶(김포) - 강화 제2대교 - 해안도로 - 선수 - 인산저수지 - 외포항 - 황청포구
문의	강화군청 홈페이지 http://www.ganghwa.incheon.kr

Section **17**

외롭지 말라고 솟대도 짝을 만들었을 텐데 정작 둘은 아무리 손을 뻗어도 닿을 수 없도록 거리를 둔 것은 어느 짓궂은 자의 장난일까? 솟대, 마주보면서도 서로 몸을 부비고 껴안을 수 없어 더욱 애간장이 탈 가없은 전설의 나무 새들.

강화 동막, 여차리의 일몰

어둠 속으로 돌아가는 젊은 연인들

붉게 물든 하늘가에 금방이라도 날개를 파닥이며 날아오를 듯한 솟대 사이로 두 연인이 장난을 치며 걸어가고 있다. 사랑스럽고도 아름다운 그림이다.

浦口

우울 하다고 말하면

괜히 헛지랄이라고 손가락질하는 사람도 있긴 있겠지만

아주 가끔 대합실 구석에 벌겋게 달아오른 무쇠난로를

혓바닥으로 쓱 핥아보고 싶을 때가 있다면

가스통을 안고 불구덩이로 뛰어들고 싶을 때가 있다면

그건 존재의 답을 알고 싶어하는 사람이다

살고자 하는 욕망은 그렇게 포기했을 때 활활 타오르는 법

인생은 비오는 날 판잣집에서 흘러나오는 젓가락 장단보다

조금 더 슬플 것을 각오해야 한다

돌아보면 잃을 것도 얻을 것도 없는

하긴 너무 외롭거나 적막하면 울컥 솟는 게 있긴 있었다

…

나는 골목에 버려진 수취인 없는 우편물처럼 쓸쓸하다

묻는다면 그 무엇 그리워서라고 답하지는 않을 것이다

지금 이곳이 낯선 어느 간이역이라면

막차가 떠나자 역무원은 창구를 닫고 숙직실로 돌아가고

마지막 장작이 벌겋게 달아오르는 무쇠난로

그 붉디붉은 가슴을 생의 혓바닥으로 쓱 한번 문지른 다음

아무 일도 아닌 듯 사그라드는 그것을 지켜보고 싶을 뿐

- 시 〈타오르고 싶을 때〉 중에서 -

붉디붉은 노을을 보며 잠시 타오르고 싶은 유혹에 젖는다.
마지막 배도 떠나고 없으니 오늘 석모도는 가고 싶어도 갈 수 없

선수선착장에서, 건너 섬이 석모도이다.

는 섬이다. 선수선착장에서 석모도를 바라보다 걸음을 재촉한다. 물이 빠진 개펄은 석양이 짙게 배어서 붉고 반지르르하다. 딱히 돌아갈 집이 없는 새들은 여전히 미끄러운 개펄에 내려앉아 먹이를 찾고 제 아이를 부르는 젊은 어미 목소리에도 노을이 묻어 있다.

 마을 사람들은 삼삼오오 굴 담은 바구니를 경운기에 싣고 벼 익어 가는 황금 논길을 따라 바쁘게 사라진다. 해도 기울었지만 이제 곧 물이 들어올 시간이라 더욱 분주해진 그들의 걸음, 마을 쪽으로 사라지는 노부부의 휜 등이 오늘 따라 춥고 쓸쓸해 보인다.

 아쉽고 허무하기까지 하다. 조금 일찍 도착해 오돌오돌 떨며 기다려온 여차리의 일몰은 너무나 짧다. 작은 섬 하나가 일몰을 등에 지고 물 속으로 걸어 들어가는 그곳은 웬만한 사진 작가들에겐 모두 알려진 명소인 듯, 그 날은 평일이었으나 스무 명 정도가 카메라를 설치해 놓고 기다리고 있었다. 그 중에는 어제 온 사람도 있고 엊그제 온 사람도 있고 일주일 내내 출근하는 사람도 있었다. 그런데 기다리던 일몰은 다른 날에 비해 물이 적게 들어 조금 못한 편이라는 그들의 대화를 엿듣다가 한 번에 좋은 사진을 얻으리라는 욕심이 얼마나 헛된 것인지를 생각하게 된다. 기다림은 길고 절정은 짧은 것, 그것이 여행, 아니 인생이라는 사실을 잊고 있었던 것이다.

동막해수욕장 소나무 숲에도 어둠이 내리는 시간이다. 해안으로 물들어오는 소리가 쏴 ~ 쏴 ~ 어머니께서 키질하는 소리 같다. 지나가는 사람도 자동차도 어느새 뜸하다. 해질 무렵 어깨를 맞대고 언 손을 호호 불며 서둘러 숙소로 돌아가는 젊은 연인들은 아름답다. 그들 등뒤로 석양이 물들고 마을에는 하나 둘 어둠을 밝히는 불빛들이 꽃잎처럼 살아나기 시작한다. 그들, 돌아갈 곳이 있다면 저 낯선 바닷가 마을 쪽 창이 있는 작은 방이리라. 창문을 열고 파도소리를 들으며 하얗게 밤을 지샐 어여쁘고 사랑스러운 젊은 연인들, 무엇을 해도 미울 것 같지 않은 그들에게서 생의 내일을 걱정하는 일만큼 부질없는 일도 없으리라.

황금 들판을 이루는 여차리.

동막에서 일몰을 지켜본 여행자라면 갯바위가 시작되는 백사장 끝으로 나란히 서 있는 솟대들의 숨은 사랑이야기도 알고 있으리라. 이곳 솟대는 양쪽으로 크고 작은 쌍을 이루고 있는데, 그들은

어둠이 내리는 동막해수욕장.

한가족으로 모녀 사이거나 형제 같기도 하고 연인 같기도 하다. 붉게 물든 하늘가로 금방이라도 날개를 파닥이며 날아오를 듯한 솟대 사이로 두 연인이 장난을 치며 걸어가고 있다. 사랑스럽고도 아름다운 그림이다.

저 연인들마저 돌아가면 솟대는 혼자 남아 밤바다를 지킬 것이다. 외롭지 말라고 솟대도 짝을 만들었을 텐데 정작 둘은 아무리 손을 뻗어도 닿을 수 없도록 거리를 둔 것은 어느 짓궂은 자의 장난일까? 솟대, 마주보면서도 서로 몸을 부비고 껴안을 수 없어 더욱 애간장이 탈 가엾은 전설의 나무 새들.

같은 템포의 걸음일지라도 해질 무렵 사람들의 걸음은 왜 그토록 조급하게 느껴지는지, 낮 동안 여유 있게 놀다가도 해가 지면 무언가 쫓기듯 돌아가려는 사람들을 보면 귀소본능이란 얼마나 무서운

동막해수욕장.

습성인지.

　지금 돌아가는 사람들은 어느 도시에 둥지를 두었을까? 투명인간으로 변신해 라이트를 켜고 바쁘게 미끄러져 가는 자동차를 따라가 보면 어떨까 하는 상상을 하다가 그렇다면 역시 나도 누군가의 추적을 피할 수는 없을 것이란 생각에 혼자 피식 웃고 만다.

　8시가 채 안 되었는데 시골 읍의 분위기는 밤중처럼 적막하다. 낮에 장사를 하던 시장 좌판은 포장을 덮어씌운 채 여기저기에 물건들이 그대로 쌓여 있다. 낮엔 순무나 이 고장에서만 나는 젓갈 같은 것들이 자판을 지켜 제법 많은 사람들이 붐볐는데 저녁 읍내의 시장 풍경은 마치 공동묘지를 보는 듯 을씨년스럽기까지 하다.

　어두워지고서야 정신 없이 움직여 허기진 하루를 보냈다는 것을 알았다. 아무런 정보도 없이 낯선 읍에서 무작정 식당을 골라 들어가 밥을 먹는 일이 얼마나 난감하고 고민스러운 일인지 아는 사람은 알 것이다. 돌아오는 길, 마니산 자락인 길상면 시장 한가운데에 있는 식당을 골라 들어갔다. 유리창에 크게 써 붙여 놓은 '소내장탕'이라는 말이 식욕을 자극시켰기 때문이다. 식당 이름은 도시 뒷골목 어디나 있을 듯한 '일미식당'.

 식당 안은 1970년대 분위기를 고스란히 간직하고 있었고, 해장국이나 소내장탕은 이 식당에 어울리는 메뉴였다. 허나 분위기는 영락없는 1970년대 분위기인데 음식값은 그게 아니었다. 그렇다면 맛이 문제다. 주문을 받은 아저씨가 주방을 향해 냅다 소리를 지른다.
 "여보, 소내장탕!"
 잠시 후 쟁반에 내온 한 그릇의 성찬은 하루의 고단한 여행이 얼마나 많은 에너지를 필요로 하는지 적나라하게 가르치고 있었다.

허기 때문인지 뚝배기 가득 내온 내장탕의 구수한 맛은 식당 이름에 부응하려는 듯 일미였고 나는 곧 그릇을 비웠다. 든든하게 배를 채우고 나니 비로소 돌아갈 길이 걱정스럽다. 허나 이 늦은 밤 돌아갈 집이 있다는 것은 얼마나 큰 위로며 축복인지.

TOUR POINT

동막해수욕장 · 개펄 체험 우리 나라 각 시대의 역사가 곳곳에 새겨져 있어 '국토박물관', '살아 있는 역사교과서'라고 불리는 강화도에서 낙조를 감상하기에 좋은 산은 마니산(469.4m)을 비롯해 하점면과 양사면의 경계에 솟은 봉천산, 하점면과 내가면의 경계에 솟은 낙조봉, 강화도의 부속 섬인 석모도 상봉산과 해명산 등이다. 바닷가 명소로는 강화도 남쪽의 화도면 장화리에서부터 동막리에 이르는 해안도로기 으뜸으로 손꼽을 만하다. 도로변이나 인근 음식점의 주차장에 차를 대놓고서도 편안하게 일몰을 감상할 수 있고, 분오리 돈대에서도 바라볼 수 있다. 석모도에서는 민머루해변이나 장구너머포구가 일몰 감상의 포인트이다. 또한 동막해변은 개펄 체험에 적합하다. 얼마 전까지만 해도 개펄에서 게랑 조개랑 그리고 물이 들어오면 망둥이낚시, 숭어낚시 등을 하였으나 이제는 관광객의 발길이 잦아지면서 어종이 사라질 위기에 처해 있다고 하니 바닷가 생물들을 무분별하게 채집하는 것은 삼가는 것이 좋겠다.

정수사 강화군 화도면 사기리 마니산 동남쪽 기슭에 자리 잡은 조계종 전통사찰이다. 신라 선덕여왕 8년(639년)에 회정선사가 마니산의 참성단을 참배한 뒤 이곳에 들러 주위를 보고, 불자가 가히 삼매 정수할 곳이라 하여 절을 세우고 정수사(精修寺)라고 하였고 1957년 보수공사 중에 발견된 조선 숙종 15년(1688년)에 보수할 때 만든 상량문에 세종 5년(1423년)에 함허대사가 중창하였다는 기록이 있다. 함허대사는 절을 중수한 후 법당 서쪽에서 맑은 물을 발견하고 정수사(淨水寺)로 이름을 바꿨다. 정수사에서 출발하여 마니산을 오르는 등산로를 흔히 정수사 암릉코스라고 하는데, 경치가 빼어나서 마니산 등산로 중 최고로 꼽는다.

둘러보기	함허동천, 사기리 탱자나무, 이건창 생가, 마니산, 광성보, 덕진진, 초지진
먹거리	왕새우, 각종 활어회, 밴댕이회, 속이 노란 고구마, 순무김치
놀거리	자전거 타기, 개펄 체험, 등산, 낚시
가는길	**현지교통** 강화버스터미널에서 동막리행 시내버스가 하루 7~8회 운행된다. 서울외곽순환고속도로 김포나들목 – 김포시(48번 국도) – 강화대교 – 강화읍(84번 지방도) – 전등사 앞 – 정수사 입구 – 동막리
문 의	강화군청 홈페이지 http://www.ganghwa.incheon.kr 강화사랑(강화도닷컴) http://www.kanghwado.com

Section **18**

바다로 떨어지는 역광의 햇살이 눈부시다 못 해 찬란하다. 햇살과 바다와 섬과 사람, 아름다움이란 저 자연의 조화를 빼면 무엇이 남겠는가? 외로워 보이는 빈 배 돛대 끝에 앉아 꿈쩍도 않는 갈매기를 관찰하다 그만 기다림이란 단어에 생각이 붙들린다. 기다림이 없는 생은 없다.

석모도 하리포구

고 향 을 찾 아 가 는 등 굽 은 노 인

10월의 햇살은 **외로움**이 묻어 있는 그의 야윈 등에 사정없이 내려 꽂혔지만 아무리 크게 웃어도 즐겁거나 따뜻해 보이기는커녕 **쓸쓸**하게만 느껴졌다. 그것은 함부로 드러내놓고 말하기에도 이제는 너무 늦은 듯한 후회와 체념 섞인 이산의 **아픈 표정**이 그렇게 말해주고 있었다.

浦口

바다로 떨어지는 역광의 햇살이 눈부시다 못 해 찬란하다. 햇살과 바다와 섬과 사람, 아름다움이란 저 자연의 조화를 빼면 무엇이 남겠는가? 외로워 보이는 빈 배 돛대 끝에 앉아 꿈쩍도 않는 갈매기를 관찰하다 그만 기다림이란 단어에 생각이 붙들린다. 기다림이 없는 생은 없다. 바꾸어 말하면 기다림을 또 하나의 기회로 즐기지 못하는 생이란 실패한 생이다. 따라서 여행은 우리의 삶과 다르지 않게 기다림으로 시작하여 기다림으로 끝나는 지도 모른다. 오늘따라 한적한 포구에 홀로 앉아 공상에 든 물새 한 마리를 눈여겨보는 일이란 즐거움보다 기다림이라는 삶의 의미를 되짚게 한다.

누렇게 벼 익은 논둑으로 아이들이 돌아오고 있었다. 정오가 조금 지났을 뿐인데 농번기라 학교가 일찍 파한 것인지. 삼산초등학교에 다닌다고 했는데 꽤나 똘똘한 녀석이다. 장난기가 발동해 은근슬쩍 말 한번 걸어보려고 하리포구로 가는 길을 물었더니 예상외로 상세한 설명을 덧붙인다. 녀석의 말끝이 보통 중부지방에서 듣는 억양과는 달라 우습고 재밌다. 녀석이 가르쳐 준 길을 따라 들어간 하리포구.

나는 그 포구에서 바다새를 제외하고 두 사람을 만났다.

한 사람은 40대 초반의 남자였는데 옷차림이며 머리모양이 누가 보아도 정상은 아니었다. 그는 포구를 왔다 갔다 하며 끊임없이 뭔가를 이야기했다. 사내의 마음속엔 혼자만의 라이벌이라도 있는 듯 그의 목소리는 억양의 강약과 고저를 분명하게 드러내는 연극

대사처럼 이어졌다. 더러는 웃고 더러는 침묵했지만 시선만큼은 바다를 떠날 줄 모른다. 포구에서 작업을 하는 어부들에게 다가가 뭘 간섭하다가 아무도 대꾸가 없자 그는 다시 뭍으로 올라와 중얼거렸다. 혹, 그도 오지 않은 배를 기다리고 있는 것일까? 그가 건너가고 싶은 섬이 있다면 그곳이 어디인지 갑자기 나는 궁금했다.

다른 한 사람은 배를 기다리는 노인이다. 그의 나이 76세. 동행도 없이 혼자 언제 올지도 모르는 배를 포구에 앉아서 손목시계를 들여다보던 노인은 손가락으로 저기 보이는 저곳 황해도가 고향이라며 1·4후퇴 때 월남한 이야기를 두서 없이 하신다. 다행이 형제들이 동행하긴 했지만 정작 부모님은 못 오셨다고. 월남한 후 계속 김포에 살고 있는데 해방이 되면 빨리 고향에 가려고 먼 남쪽으로는 내려갈 수 없었다고 하신다. 나는 노인이 가시고자 하는 곳이 어딘지 궁금했는데 배를 기다리고 계신다기에 이때다 싶어 여쭈었더니, 하루에 두 차례 도선이 다니는 건너 법도에 가신다고.

"법도는 아주 작은 섬이야. 저 섬이 말도고, 그 옆에 있는 섬이 볼음도, 그 옆에 있는 섬이 주문도인데, 나는 서도면인 바로 저기 법도에 가려고. 아는 사람은 없지만 왠지 그곳에 가면 좋을 것 같아."

한적한 하루포구의 오후 한때. 돛대의 갈매기도 오수를 즐기는 듯.

새우잡이 배가 들어와 작업을 하고 있는 하리포구 풍경.

절이 하나 있긴 한데 민박할 때가 마땅찮으면 이장 댁에서 신세를 져야지, 한 며칠 푹 쉬다 왔으면 해. 가족들? 괜히 방해만 되지 혼자 다녀야 제대로 보고 제대로 즐기지."

독백에 가까운 그의 이야기는 그칠 줄 모른다. 고향 황해도가 바로 눈앞에 있어서일까? 10월의 햇살은 외로움이 묻어 있는 그의 야윈 등에 사정없이 내려 꽂혔지만 아무리 크게 웃어도 즐겁거나 따뜻해 보이기는커녕 쓸쓸하게만 느껴졌다. 그것은 함부로 드러내기에도 너무 늦은 듯한 후회와 체념 섞인 이산의 아픔이 아닐 수 없었다.

하리포구에 닿아본 나그네라면 빤히 보이는 건너 섬으로 배만 있으면 언제든 떠나고 싶은 유혹의 기분을 알 것이다. 굳이 배를 타지 않아도 손을 뻗으면 닿을 수 있을 것 같은 크고 작은 섬들은 마치 꿈 속의 그림인 듯 아련하고 포근하다. 나는 언제 우리 나라의 크고 작은 섬들을 샅샅이 돌아봐야겠다는 또 하나의 계획을 수첩에 메모해 둔다. 볼음도는 왜 볼음도이고 장봉도는 왜 장봉도인지 나는 그 섬으로 건너가 그곳에 살을 문지르고 사는 사람들과 오래 정담을 나누고 싶다.

T O U R P O I N T

석모도 · 민머루해수욕장 강화도 외포항에서 서쪽으로 1.5km 해상에 위치한 석모도는 작고 아름다운 섬으로 일몰이 아름답고 산과 바다가 조화를 이루어 경치가 좋은 곳으로 영화 '시월애'와 '취화선'을 촬영한 곳으로 유명하다. 서울과 수도권에서 차로 1시간 30분에서 2시간이면 강화 본섬의 서쪽 끝 외포리 포구에 닿는다. 여기서 맞은편 석모도 석포리신작장까지 1.5km 바닷길을 카페리를 타고 건너가야 한다. 배에서 내려 보문사 방향으로 전득이라는 산고개에 올라서면 바다와 염전이 시원하게 펼쳐진다. 산고개를 내려와 평길이 나오는 부분부터 약 700~800m를 직진하면 삼거리가 나오고 이정표를 따라 어류정, 민머루해수욕장 방향으로 좌회전을 하여 염전을 따라 아스팔트 도로만 따라가면 해수욕장에 다다른다. 한국관광공사는 이곳을 생태관광지로 지정하여 홍보를 하고 있다. 경관이 빼어나게 아름다운 이곳 해수욕장은 서해의 3대 일몰조망지로 알려져 있고 실제로 이곳에서 보는 일몰은 환상적인 분위기를 연출한다.

어류정항 · 장구너머항 어류정항은 장구너머항보다 훨씬 큰 포구이다. 이곳에는 어선이름을 딴 포장마차형 횟집들이 늘어서 있다. 직접 잡은 횟감을 팔기 때문에 값이 싸다. 출어기에만 개방하여 금어기(7월 15일~8월 15일)가 되면 철시한다. 장구너머항은 민모루해수욕장 바로 옆에 있는 작은 포구로 산에서 내려다보면 장구처럼 보인다하여 장구너머란 이름이 붙었다 한다. 어선이 드나드는 작은 포구이지만 최근에 여러 군데의 횟집이 생겼다.

둘러보기 | 어류정항, 천일염전, 하리포구, 눈썹바위, 하리저수지 등

먹거리 | 달랑게, 서해비단고동, 소라, 동죽, 대합 등

놀거리 | 개펄 체험, 드라이브, 낙조 감상과 사진 촬영, 등산, 낚시 등

가는길 | 서울외곽순환고속도로 김포나들목 - 김포시(48번 국도) - 강화대교 - 강화읍(84번 지방도) - 냉정삼거리(우회전) - 외포리 - 석모도
　　　　• 삼보해운(032 - 932 - 6007)의 카페리(차량선적 가능. 외포리선착장, 선수선착장)

문　의 | 한국관광공사 관광안내 http://www.visitkorea.or.kr
　　　　강화군청 홈페이지 http://www.ganghwa.incheon.kr

Section 19

긴 기다림의 연속, 길에서 태어나 길에서 끝나는 것, 쾌락이 있지만 언제 지나갔는지 모르게 짧다는 것, 짝사랑처럼 혼자 그리워하다 마는 것, 지는 해처럼 아쉬움이 남는 것, 지지리 외롭거나 고통스러운 것, 피해갈 수 없는 고행 등의 이유를 들어 사람들은 여행을 인생에 비유한다.

바람의 땅 변산반도

줄포 · 곰소 · 모항 · 궁항 · 격포 · 새만금과 위도

엄밀히 말하자면 지금 내가 걷고 달리는 길은 내가 만든 내 길이 아니라 **타인**이 만든 길이라 해야 옳다. 내 길이 있다면, 내가 보고 있는 지금 시야에 확연히 들어오는 저 길이 아니라 모두 지나간 뒤에나 있을 **흔적**이므로 나는 **어떤** 길도 안다고 말할 수 없다.

浦口

긴 기다림의 연속, 길에서 태어나 길에서 끝나는 것, 쾌락이 있지만 언제 지나갔는지 모르게 짧다는 것, 짝사랑처럼 혼자 그리워하다 마는 것, 지는 해처럼 아쉬움이 남는 것, 지지리 외롭거나 고통스러운 것, 피해갈 수 없는 고행 등의 이유를 들어 사람들은 여행을 인생에 비유한다. 그러나 인생과 여행의 다른 점이란, 삶이 자신의 의지와는 상관없이 세상에 던져졌다면, 여행은 제 발로 문을 박차고 나가 평소 원하던 것을 찾아 누리는 말하자면 엄격한 자기 선택이라는 점이다. 그러므로 타인의 권유나 간섭이 개입하지 않은 전적으로 자유 의지로 자신을 관리해야 한다는 것이다. 내가 우중에 변산반도를 택한 것도 자유로운 고집이 한몫 했음은 두말할 나위가 없다.

남서쪽에 위치한 변산반도는 섬이 아니지만 섬을 연상시키는 곳이다. 서해안고속도로가 생기면서 변방 같은 변산반도가 중부권과 급속도로 가까워졌고 남한에서 가장 아름다운 일몰을 볼 수 있는 곳으로도 유명하다.

막상 변산반도를 염두에 두고 지도를 훑어보니 중요한 것은 어떻게 볼 것인가의 문제겠지만 들러야 할 곳, 들르고 싶은 곳이 많아 1박2일로는 소화가 쉽지 않을 듯, 그러나 사정상 연장은 무리일 것 같아 오전 일찍 길을 서두른다. 예보가 있긴 했지만 그렇게 많은 비와 안개를 만나리라고는 서해대교를 들어들 때까지는 전혀 예상치 못한 일이었다. 우중 여행이란, 어찌 보면 낭만적이고 어찌 보면 무모하기 짝이 없다. 허나 언제부터 별러온 계획이니 우중이라도 행군을 멈출 수는 없는 노릇.

언제 당진을 거치고 대천을 지났는지, 금강은 언제 지나갔으며 만경강은 또 언제 건넜는지, 한 치 앞을 분간하기 어려운 안개와 빗속에서 줄포 IC를 통과하고 시계를 보니 출발한 지 거의 5시간이나 지나 있었다. 줄포에서 23번 도로로 따라가다가 다시 30번 도로 변산, 부안 방향으로 들어선 후에야 휴~ 한숨이 절로 나온다.

가장 먼저 발목을 붙드는 곳은 천일염을 생산하는 곰소염전이다. 우중의 소금밭은 과거의 짙은 추억 속으로 걸음을 안내한다. 혼몽한 안개 속에서 우산을 쓰고 바라보는 회색빛 염전의 풍경이란 흑백영화의 한 장면을 보는 듯 짭짜름한 향수를 불러일으킨다.

가을걷이가 끝난 소금창고 뒤편으로 손바닥만한 텃밭에 뽑다 남은 무가 비를 맞고 있다. 12월이지만 아직도 잎이 실한 걸 보니 중부지방에 비해 기온이 높긴 높은가 보다. 나도 모르게 주위를 한번 살피고는 바지를 걷고 들어가 아기 주먹만한 무 한 개를 슬쩍 했다. 예전처럼 무청을 잘라내고 손으로 껍질을 까서 꼭 한번 폼 나게 먹어보고 싶었기 때문이다.

잠시 후 다시 또 한 개의 무를 슬쩍 한 건 순전히 맛 때문이었다. 아삭아삭 단단하면서도 쓰거나 구리지도 맵지도 않은 그 신선한 맛, 그렇게 맛있는 무는 어릴 적 김장거리를 다듬으시던 어머니께서 건네주셨던 무맛 이후 처음 느껴보는 맛이었다. 나는 무맛에 취한 채 소금창고 추녀 끝으로 떨어지는 빗방울을 신발이 질퍽거리도록 툭 툭 발로 차면서 한동안 염전을 바라보았다. 생각하니 도둑질을 하고서도 입가엔 미소가 흘렀던 것 같다. 언제 주인을 만나면 추억을 훔친 죄 엎드려 사죄하고 술 한잔 톡톡히 대접하리라.

비 오는 곰소항은 한 치 앞도 분간할 수 없다. 포구의 배들은 날건달 같은 폼으로 누워 있고 사람들은 비를 맞으며 배 위에서 뭔가를 부리고 있다. 곰소를 곰소답게 하는 비 오는 날의 어시장 풍경들.

흑백영화의 한 장면을 연상시키는 소금창고들.

너, 문득 떠나고 싶을 때 있지?
마른 코딱지 같은 생활 따위 눈 딱 감고 떼어내고 말 거야
비로소 여행이란,
인생의 쓴맛 본 자들이 떠나는 것이니까
세상이 우리를 내버렸다는 생각이 들 때
우리 스스로 세상을 한번쯤 내동댕이쳐보는 거야
오른쪽 옆구리에 변산 앞 바다를 끼고 모항에 가는 거야

모항 가는 길은 우리들 생이 그래왔듯이
구불구불하지

- 안도현 〈모항으로 가는 길〉 중에서 -

곰소를 벗어나자 가장 먼저 나그네를 유혹하는 것은 모항이다. 변산반도를 기억하는 사람이라면 누구에게나 잘 읽히는 안도현의 시 한 구절쯤 모르는 사람은 없을 것이다. 모항은 변산 도청리에 위치한 작은 어촌으로 곰소에서 격포 방향으로 가다보면, 좌측으로 넓게 펼쳐진 서해가 한눈에 들어오는데, 안온한 분위기가 눈길을 사로잡는 그곳이 바로 모항이고, 그 옆으로 이어지는 해변이 모항해수욕장이다. 모항해수욕장은 내변산과 외변산이 만나는 지점에 위치하여 주변 경관이 수려하고 송림과 모래사장이 잘 어우러진 곳이다. 모항에 들렀지만 제대로 된 모항은 감상할 수가 없다. 태풍으로 방파제에서 우산 하나를 날려버린 뒤엔 서운하지만 차안에서 보는 것으로 위로를 삼을 수밖에. 등대는 온갖 풍상을 겪으며 홀로 마을을 지키고, 포구 언덕에 자리 잡은 늙은 나무는 모항의 숨은 역사를 말하는 듯 신령한 느낌마저 들었다. 아쉬워라, 모항에 와서 모항을 속속들이 느낄 수 없다니!

어둠이 곧 바다를 덮칠 기세여서 상록언포 해안을 들러 격포로 향하는 걸음이 바쁘다. 격포항은 포구의 이미지가 짙은 곰소와는 다른 분위기다. 항구에 묶인 배들은 외로운 게 싫은지 서로 몸을 기대 의지하고 있다. 일을 마치고 조용히 쉬고 싶겠지만 풍랑 때문에 쉴 수도 없는 격포항의 배들.

해가 떨어지니 잠자리를 물색하는 일이 급선무

변산반도에는 이 같은 크고 작은 포구들이 즐비하다.

다. 부안이 고향인 어느 선배는 변산반도에 가면 격포에서 남쪽으로 고개 하나만 넘어서면 있다는 궁항을 추천해주었다. 모항도 좋지만 거길 가야 변산다운 변산을 볼 수 있다고. 조용한 곳을 선호하는 나를 잘 아는 선배가 일러준 곳이니 어찌 모른다 할 수 있으랴.

그렇게 하여 누우면 발끝에 파도가 와 닿는 궁항에서 하룻밤 묵어갈 잠자리를 찾게 되었다. 밤새도록 창문을 흔들던 폭군 같은 변산의 바람, 전날 시작된 풍랑주의보는 날이 바뀌어도 그칠 줄 모른다. 변산에 와서 일몰은 못 보더라도 풍랑과 비는 그쳤으면 좋겠다 싶었는데 바람은 여전했으나 다행히 다음날은 조금씩 개었다.

채석강과 적벽강의 암벽들은 해풍과 시간이 깎아 놓은 걸작들이다. 특히 수성당과 용굴이 있는 해안 일대는 무성하게 자란 조릿대의 푸른 물결이 서해 풍경을 매우 낭만적으로 이끈다.

사람이 많은 여름 성수기엔 교통체증이며 바가지 요금으로 그다지 오고 싶지 않지만 겨울이 되면 풍성한 해물먹거리와 조용한 포구가 있어 즐겨 찾는다는 어떤 여행자는 전라도 하면 우선 음식이 최고 아니냐며 엄지손가락을 내보인다.

아무 연고도 없이 주인 아주머니의 생글생글한 표정에 이끌려 격포 어촌계 회센터 A동 19호를 찾아든 건 예상치 못한 행운이었다. 모듬회 한 접시에 각종 해물 인심은 또 얼마나 푸짐한지. 나는 드디어 인심 후하고 솜씨 좋은 전라도 땅에 와 있음을 실감한다.

격포일대는 드라마 '불멸의 이순신(전라좌수영)'을 촬영하는 세트장이 설치되면서 방문자 수가 늘어났다고 하는데 궁항이나 고사

새해의 힘은 뭐니뭐니해도 살아 있는 개펄이다.

포 주변에서 그 흔적들을 볼 수가 있었다.

  오후가 되니 문득 돌아갈 길이 걱정이다. 주말에 길을 나선 것이 잘못이다. 금방 고사포해수욕장을 지나치고 나서 다시 차를 되돌린다. 물이 빠진 해안가를 젊은이들이 지프로 달리고 있었는데 나도 그 대열에 끼어 보고 싶어서다. 강풍으로 차가 휘청거릴 정도였지만 자동차로 해안을 달릴 수 있는 좋은 기회를 내 어찌 놓칠 리 있겠는가!

  새만금에서 방향을 바꾼다. 사람이 만든 바다 위의 곧은 땅을 밟아보지 않을 수는 없다. 편편한 길은 넓은 개펄과 함께 끝없이 이어지는가 싶더니 문득 멈춘 방조제, 누구에게 남은 저 길을 물어봐야 할 지 생각하다가 할말을 잃는다. 한때 부안군민의 생존이 달린 핵시설물이 들어설 예정이던 위도가 코앞에 있고 뻗어갈 새만금간척사업은 저렇게 멈춘 채 사람들의 심판을 기다리고 있다. 마을마다 핵폐기장 설치를 반대하는 노란 색의 깃발과 그림과 구호들, 이 아름다운 땅을 지키고 가꾸는 실천이 어디서 어떤 방법이어야 하는지 다시 한번 생각하지 않을 수 없다. 부안이나 변산반도가 어디에 붙어 있을 지라도 그곳은 우리 모두가 지키고 가꿔야 할 우리의 땅이 아닌가. 평야를 달리면서 시작된 귀경 길은 왠지 마음이 묵직해진다. 변산까지 가서 일몰을 보지 못한 때문만은 아닐 것, 그러나 부안 IC를 들어서니 뻥 뚫린 서해안고속도로가 갑갑했던 심사를 위로라도 하듯 후련하기만 하다. 나는 길을 알고 있는 것일까? 엄밀히 말하자면 지금 내가 걷고 달리는 길은 내가 만든 내 길이 아니라 타인이 만든 길이라 해야 옳다. 내 길이 있다면, 내가 보고 있는 지금 시야에 확연히 들어오는 저 길이 아니라 모두 지나간 뒤에나 있을 흔적이므로 나는 어떤 길도 안다고 말할 수 없다.

TOUR POINT

격포·채석강·적벽강 변산반도의 최서단으로서 이 곳의 지형은 퇴적암의 성층으로 바닷물의 침식으로 절벽이 이루어져 흡사 만 권의 책을 쌓아 올린 것 같은 모습을 이루고 있다. 중국 당나라 이태백이 배를 타고 술을 마시다 강물에 뜬 달을 잡으려다 빠져 죽었다는 채석강과 흡사하다 하여 채석강이라 부르게 되었다고 한다.

곰소항과 염전 전국 제일의 젓갈 단지 곰소는 원래가 섬(熊女島)이었으나 일제가 군수물자 및 농산물을 반출하기 위해 인공적으로 조성한 육지이다. 아직도 200여 척의 어선들이 항구로 이용하고 있으며 주변에 소규모 상가와 마을, 천일염을 생산하는 염전이 있다.

변산해수욕장 서해의 대표적인 해수욕장으로 변산반도국립공원에 속해 있다. 하얀 모래와 푸른 솔숲이 어우러졌다 하여 '백사청송' 해수욕장으로도 불린다. 또한 우리 나라에서 가장 오래된 해수욕장의 하나로 1933년에 개장되었다. 곱디고운 모래해변이 끝없이 펼쳐져 있으며, 서해안의 해수욕장치고는 물빛도 맑은 편이다. 더욱이 평균 수심이 1m밖에 되지 않고 수온이 따뜻하여 해수욕장으로 적합하다.

둘러보기	수산물 거래장터, 내소사, 고사포, 내변산, 외변산, 새만금방조제
먹거리	각종 어패류, 광어, 우럭, 농어, 돔, 갑오징어, 주꾸미, 해삼, 백합
놀거리	낚시, 개펄 체험과 조개 잡이, 자연관찰, '불멸의 이순신' 촬영지 둘러보기 등
가는길	**1코스** 서해안고속도로 부안 IC(30번 국도) - 부안 - 변산해수욕장 **2코스** 호남고속도로 태인 IC(30번 국도) - 부안 - 변산해수욕장
문의	노을이 아름다운 변산반도 http://byunsan.new21.org

Section 20

한낮의 익은 햇살이 목선을 어루만지고 있었지만 조금의 미동도 없이 내면으로 몰입한 듯한 목선의 저 완벽한 명상. 휴식하고 있는 한 척의 배가 내게 주는 파장은 하루 내내 명상이라는 이름으로 따라다녔다.

창리포구 와 간월도의 밤

피안이 있다면 저곳이겠지!

간월암은 바다 위에 피어오른 한 송이 **수련**이다. 만조가 되면 수련은 봉오리 끝만을 보이다가 물이 점점 빠지면서 **활짝** 잎을 연다. 그리고 곧 뿌리를 물 밖으로 드러내며 **손님**을 맞는다.

浦口

한 차례 몸살을 치른 간조의 바다는 잔잔하고 평화롭다. 그러나 평화로운 것은 바다만이 아니다. 섬과 섬 사이에 닻을 내리고 휴식에 든 한 척의 작은 목선, 사공은 어디로 갔는지 배만 제 물그림자를 호수 같은 바다에 드리운 채 쉬고 있다. 저 배를 만나는 일은 시선의 중심을 어디에 두느냐가 관건이다. 너무 멀리 시선을 던지면 태안군의 우포나루터·외섬·황도·옥섬 등이 시야를 방해할 것이고, 너무 가까이 두면 사람들의 발길이 잦은 간월포구가 심상에 들어오니 그 중간쯤으로 시선을 던졌을 때 작은 바위와 목선 한 척이 서로 마주보며 휴식을 취하는 가장 알맞은 구도의 그림을 볼 수 있다.

간월암에서 만나는 창리 쪽 바다는 모든 것들이 정지한 듯 고요의 다른 이름을 연상시킨다. 등뒤에서 수군대는 사람들의 목소리가 웅얼웅얼 들려오고 가을 한낮의 익은 햇살이 목선을 어루만지고 있었지만 조금의 미동도 없이 내면으로 몰입한 듯한 목선의 저 완벽한 명상. 휴식하고 있는 한 척의 배가 내게 주는 파장은 하루 내내 명상이라는 이름으로 따라다녔다.

간월도, 이것도 섬이라는 이름을 붙일 수 있다면 삼면이 바다인 우리 나라는 얼마나 많은 섬들이 있는 것일까? 처음 간월도를 대면한 사람들은 너무 작다는 것에 놀라게 된다. 그리고 그토록 작은 섬의 암자를 보고 예사롭지 않은 기운에 사로잡히게 되는데 누구나 간월도에 가본 사람이라면 호젓한 암자가 주는 매력에 끌리지 않을 수 없다.

그 날은 간조를 이용해 거짓말처럼 쉽게 간월도로 건너갈 수 있었다. 육지와 불과 30m 거리이니 몇 발자국을 옮겨야 하는지 하나 둘 세면서 가도 좋을 만큼 간월도는 지척에 있다. 암자로 들어서면 정면으로 대웅전이 있고 용왕당·종각·요사체·산신각이 정답게 어깨를 맞대고 있는데, 오랜 해풍을 견딘 목조건물들은 지난 시간을 그대로 부적처럼 간직하고 있어 믿음이 더하다.

낮 시간은 사람으로 붐벼 조용해야 할 암자가 관광지를 연상시키지만, 이른 아침이나 늦은 오후 간월암은 알 수 없는 깊이를 더하는 곳이다. 더 말할 나위도 없이 가장 좋은 시간은 만조의 달밤일 것이다. 휘영청 달 떠오른 밤 간월암을 지켜본 사람이라면, 그것이 달이든 물이든 짧은 깨우침 하나 얻을 수 있지 않을까 기대하고 상상하는 것만으로도 즐거워지는 일이다. 달밤에 그곳에 가면 누구든 아무 의심 없이 물위로 마구 걸어가고 싶을 지도 모른다. 나는 간월암에서 야심한 달밤 물위로 걸어가는 한 여자를 상상하며 바다의 신에게 그렇게 할 수 있기를 빌었다. 만조가 되어 물 속에 둥둥 떠 있는 작은 암자를 상상해 보라, 이보다 고즈넉한 그림이 또 어디에 있겠는가.

간월암은 바다 위에 피어오른 한 송이 수련이다. 만조가 되면 수련은 봉오리 끝만을 보이다가 물이 점점 빠지면서 활짝 잎을 연다. 그리고 곧 뿌리를 물 밖으로 드러내며 손님을 맞는다.

서산에서 태안·안면도 방향으로 가다보면 삼거리가 나오는데

물이 빠지자 개펄 도처에 널려있는 어구들. 저곳에서 사람들은 조개를 캔다.

그곳 삼거리에서 직진하면 곧바로 창리포구로 이어진다. 그렇지 않고 우회전을 하면 태안 방면으로 서산 B지구 방조제가 나오지만, 좌회전하면 서산 A지구 방조제를 만날 수 있다. 이곳에서 볼거리는 단연 창리포구와 간월도다. 그 중 간월도는 무학대사 자초(1327~1405년)가 출가하여 도를 깨우친 곳으로 이후 자초가 암자를 짓고 섬과 섬 사이로 달이 뜬다고 하여 간월암이라는 이름으로 알려지고 있으며 간월도는 바로 그 암자의 이름에서 유래되었다고 한다. 간월암으로 건너가 사방을 둘러보면 지리적으로 그곳은 매우 안정감이 있고 이상적인 기운이 느껴져 무학대사가 얼마나 앞선 식견을 가졌는지 알 수 있다.

　간월암은 암자의 건뭄도 건뭄이지만, 모감주나무를 비롯해 고목들이 고찰의 분위기를 더하고, 암자로 드는 길 입구엔 누군가 정성스럽게 쌓은 돌탑이 눈길을 끈다. 얼마나 많은 사람들이 저마다의 기원을 담아 돌탑을 쌓았을까 생각만 해도 숙연해진다. 암자를 건너가면 양쪽으로 줄이 묶인 작은 배 한 척이 한가하게 손님을 기다리고 있다. 물이 찼을 때 그곳에 기거하는 스님이나 보살들이 이용하는 배다. 그러니까 간월암은 그 암자에 살고 있는 사람이라면 언제든 들고날 수 있다는 말이니 언제부턴가 간월암은 이미 섬이 아닌 지도 모른다. 간월도 선착장으로 드는 길목엔 마을 아낙네들이

모두 나와 바지락을 캐는 작업이 협동농장을 연상시킨다. 간월포구 선착장에는 오래된 배 위에 포장을 씌워 만든 포구의 식당들이 눈길을 끄는데, 간조 때가 되면 배는 육지에 정박해 있으나 만조가 되면 모든 식당은 일제히 물위로 떠오른다. 아녀자들이 함지박에 산 조개와 생선을 담아 즉석에서 팔기도 하고 직접 잡아 요리해 주기도 하는데, 선박 위 식당에 앉아 조개를 구우며 간월도 일몰에 취해 잠시 세상시름을 잊어보는 것도 좋다. 물론 방파제 끝에서 솟아오르는 달을 보는 것도 운치는 있겠으나 서산방조제를 달리면서 간월암으로 수줍게 떠오르는 달을 본다면, 색다른 감흥을 느낄 수 있으리라. 원래 이곳은 천수만 방조제가 들어서기 전까지는 창리에서 배를 타야만 건널 수 있는 섬이었으나 방조제가 생기면서 육지와 연결된 곳이기도 하다.

간조가 되면 바다가 육지로 변하는 길, 왼쪽이 간월암.

창리포구는 간월도에서 태안 방향으로 가다보면 서산 B지구 방조제 전 좌측에 있는 포구다. 그냥 지나면 놓치기 쉬운 곳으로 큰길에서 이정표를 따라 조금 들어가야 오목한 지형에 자리잡은 **창리포구가 나타난다**. 창리포구는 제법 큰 규모여서 정박해 있는 배들도 꽤나 여러 척이다. 앞 바다는 조수간만의 차가 크지 않아서인지 많은 가두리 양식장을 볼 수 있고, 간조 때가 되면 사람들은 망둥이낚시를 하는데 손맛이 그만이라고 한다.

구멍가게에 들어가 생수 한 병을 사며 아저씨에게 말을 걸자 친절하기 이를 데 없다. 요즘 많이 잡히는 게 무엇인지 말이 끝나기도 전에 "그야 왕새우지요." 한다. 저 아래 식당에 가서 왕새우 한

번 맛보고 가라던 아저씨의 인상은 수수하고 넉넉하다. 창리 사람들 모두 그와 같은 마음일 것이다. 바로 인접한 곳에 천수만이 있고, 포구 식당에선 생굴밥이 별미인 이곳 특산물 중에는 해산물 외에 밭에서 재배하는 생강이 있다는 것도 이번 여행에서 알게 된 또 한 가지다.

TOUR POINT

간월암 서산시 부석면 간월도리에 있는 작은 섬에 자리 잡고 있으며, 조선 태조 이성계의 왕사였던 무학대사가 창건한 암자이다. 무학대사가 이곳에서 달을 보고 깨달음을 얻었다는 데서 간월암이라는 이름이 유래하였다. 조선 초 무학대사가 작은 암자를 지어 무학사라 부르던 절이 자연 퇴락하여 폐사된 절터에 1914년 송만공대사가 다시 세우고 간월암이라 불렀다. 이곳에서 수행하던 무학대사가 이성계에게 보낸 어리굴젓이 궁중의 진상품이 되었다고 하는 이야기가 전해 내려온다. 또한 굴의 풍년을 기원하는 **굴부르기 고왕제**가 매년 정월 보름날 만조시에 간월도리 어리굴젓기념탑 앞에서 벌어진다. 법당에는 무학대사를 비롯하여 이곳에서 수도한 고승들의 인물화가 걸려 있다. 이 암자는 바닷물이 들어오면 작은 섬이 되고 물이 빠지면 길이 열린다. 이곳에서 보는 서해의 낙조가 장관을 이루어 관광객에게 큰 즐거움을 준다.

간월도의 어리굴젓 시장과 창리포구 충남 서산에서 부석을 지나 10분쯤 차로 더 달리면 어리굴젓이 유명한 간월도로 건너가는 창리포구가 있다. 원래 섬이었던 간월도는 서산지구 간척사업으로 육지에 딸린 바닷가로 바뀐 곳이다. 전국 굴 생산량의 90%를 차지하는 이곳 굴로 담근 간월도 어리굴젓은 옛날에는 임금에게 진상되던 것이라고 한다. 서울 서초동 남부터미널에서 서산까지 가는 직행버스와 서산에서 간월도행 버스를 이용하면 된다. 승용차로는 경부고속도로를 타고 천안으로 들어가 온양 – 덕산 – 갈산을 거쳐 갈 수 있다. 썰물 때만 길이 열리는 간월암을 찾아보거나 11월부터 찾아드는 철새들의 장관을 지켜볼 수 있다. 근처의 덕산온천과 수덕사를 찾아보는 것도 좋을 듯하다.

둘러보기	서산방조제, 부석사, 몽산포, 백사장해수욕장, 기지포해수욕장, 삼봉해수욕장 등
먹거리	굴밥, 각종 생선회, 배 안 포장마차의 조개구이, 바지락칼국수, 어리굴젓
놀거리	갯펄에서 조개 캐기, 망둥이낚시
가는길	**1코스** 서울 – 서해안고속도로 – 홍성나들목 – 서산 A지구 방조제 – 간월암 **2코스** 천안 – 홍성 – 29번 국도 – 갈산면사무소 – 서산 A지구 방조제 – 간월암
문 의	서산시청 홈페이지 www.seosan.chungnam.kr 한국관광공사 관광안내 http://www.visitkorea.or.kr/Korean/tour/ 간월암 관리소 041 – 664 – 6624

가림출판사 · 가림M&B · 가림Let's에서 나온 책들

문학

바늘구멍 켄 폴리트 지음 / 홍영의 옮김 / 신국판 / 342쪽 / 5,300원

레베카의 열쇠 켄 폴리트 지음 / 손연숙 옮김 / 신국판 / 492쪽 / 6,800원

암병선 니시무라 쥬코 지음 / 홍영의 옮김 / 신국판 / 300쪽 / 4,800원

첫키스한 얘기 말해도 될까
김정미 외 7명 지음 / 신국판 / 228쪽 / 4,000원

사미인곡 上·中·下 김충호 지음 / 신국판 / 각 권 5,000원

이내의 끝자리 박수완 스님 지음 / 국판변형 / 132쪽 / 3,000원

너는 왜 나에게 다가서야 했는지
김충호 지음 / 국판변형 / 124쪽 / 3,000원

세계의 명안 편집부 엮음 / 신국판 / 322쪽 / 5,000원

여자가 알아야 할 101가지 지혜
제인 아서 엮음 / 지창국 옮김 / 4×6판 / 132쪽 / 5,000원

현명한 사람이 읽는 지혜로운 이야기
이정민 엮음 / 신국판 / 236쪽 / 6,500원

성공적인 표정이 당신을 바꾼다
마츠오 도오루 지음 / 홍영의 옮김 / 신국판 / 240쪽 / 7,500원

태양의 법 오오카와 류우호오 지음 / 민병수 옮김 / 신국판 / 246쪽 / 8,500원

영원의 법 오오카와 류우호오 지음 / 민병수 옮김 / 신국판 / 240쪽 / 8,000원

석가의 본심 오오카와 류우호오 지음 / 민병수 옮김 / 신국판 / 246쪽 / 10,000원

옛 사람들의 재치와 웃음
강형중·김경의 편저 / 신국판 / 316쪽 / 8,000원

지혜의 쉼터
쇼펜하우어 지음 / 김충호 엮음 / 4×6판 양장본 / 160쪽 / 4,300원

헤세가 너에게
헤르만 헤세 지음 / 홍영의 엮음 / 4×6판 양장본 / 144쪽 / 4,500원

사랑보다 소중한 삶의 의미
크리슈나무르티 지음 / 최윤영 엮음 / 신국판 / 180쪽 / 4,000원

장자-어찌하여 알 속에 털이 있다 하는가
홍영의 엮음 / 4×6판 / 180쪽 / 4,000원

논어-배우고 때로 익히면 즐겁지 아니한가
신도희 엮음 / 4×6판 / 180쪽 / 4,000원

맹자-가까이 있는데 어찌 먼 데서 구하려 하는가
홍영의 엮음 / 4×6판 / 180쪽 / 4,000원

아름다운 세상을 만드는 사랑의 메시지 365
DuMont monte Verlag 엮음 / 정성호 옮김 /
4×6판 변형 양장본 / 240쪽 / 8,000원

황금의 법 오오카와 류우호오 지음 / 민병수 옮김 / 신국판 / 320쪽 / 12,000원

왜 여자는 바람을 피우는가?
기젤라 룬테 지음 / 김현성·진정미 옮김 / 국판 / 200쪽 / 7,000원

건강

식초건강요법 건강식품연구회 엮음 / 신재용(해성한의원 원장) 감수
가장 쉽게 구할 수 있고 경제적인 식품이면서 상상할 수 없을 정도로 뛰어난 약효를 지닌 식초의 모든 것을 담은 건강지침서! 신국판 / 224쪽 / 6,000원

아름다운 피부미용법 이순희(한독피부미용학원 원장) 지음
피부조직에 대한 기초 이론과 우리 몸의 생리를 알려줌으로써 아름다운 피부, 젊은 피부를 오래 유지할 수 있는 비결 제시! 신국판 / 296쪽 / 6,000원

버섯건강요법 김병각 외 6명 지음
종양 억제율 100%에 가까운 96.7%를 나타내는 기적의 약용버섯 등 신비의 버섯을 통하여 암을 치료하고 비만, 당뇨, 고혈압, 동맥경화 등 각종 성인병 예방을 위한 생활 건강 지침서! 신국판 / 286쪽 / 8,000원

성인병과 암을 정복하는 유기게르마늄 이상현 편저 / 카오 샤오이 감수
최근 들어 각광을 받고 있는 새로운 치료제인 유기게르마늄을 통한 성인병, 각종 암의 치료에 대해 상세히 소개. 신국판 / 312쪽 / 9,000원

난치성 피부병 생약효소연구원 지음
현대의학으로도 치유불가능했던 난치성 피부병인 건선·아토피(태열)의 완치요법이 수록된 건강 지침서. 신국판 / 232쪽 / 7,500원

新 방약합편 정도명 편역
자신의 병을 알고 증세에 맞춰 스스로 처방을 할 수 있고 조제할 수 있는 보약 506가지 수록. 신국판 / 416쪽 / 15,000원

자연치료의학 오홍근(신경정신과 의학박사·자연의학박사) 지음
대한민국 최초의 자연의학박사가 밝힌 신비의 자연치료의학으로 자연산물을 이용하여 부작용 없이 치료하는 건강 생활 비법 공개!!
신국판 / 472쪽 / 15,000원

약초의 활용과 가정한방 이인성 지음
주변의 흔한 식물과 약초를 활용하여 각종 질병을 간편하게 예방·치료할 수 있는 비법제시. 신국판 / 384쪽 / 8,500원

역전의학 이시하라 유미 지음 / 유태종 감수
일반상식으로 알고 있는 건강상식에 대해 전혀 새로운 관점에서 비판하고 아울러 새로운 방법들을 제시한 건강 혁명 서적!! 신국판 / 286쪽 / 8,500원

이순희식 순수피부미용법 이순희(한독피부미용학원 원장) 지음
자신의 피부에 맞는 관리법으로 스스로 피부관리를 할 수 있는 방법을 제시하고 책 속 부록으로 천연팩 재료 사전과 피부 타입별 팩 고르기.
신국판 / 304쪽 / 7,000원

21세기 당뇨병 예방과 치료법 이현철(연세대 의대 내과 교수) 지음
세계 최초 유전자 치료법을 개발한 저자가 당뇨병과 대항하여 가장 확실하게 이길 수 있는 당뇨병에 대한 올바른 이론과 발병시 대처 방법을 상세히 수록! 신국판 / 360쪽 / 9,500원

신재용의 민의학 동의보감 신재용(해성한의원 원장) 지음
주변의 흔한 먹거리를 이용해 신비의 명약이나 보약으로 활용할 수 있는 건강 지침서로서 저자가 TV나 라디오에서 다 밝히지 못한 한방 및 민간요법까지 상세히 수록!! 신국판 / 476쪽 / 10,000원

치매 알면 치매 이긴다 배오성(백상한방병원 원장) 지음
B.O.S.요법으로 뇌세포의 기능을 활성화시키고 엔돌핀의 분비효과를 극대화시켜 증상에 맞는 한약 처방을 병행하여 치매를 치유하는 획기적인 치유법 제시. 신국판 / 312쪽 / 10,000원

21세기 건강혁명 밥상 위의 보약 생식 최경순 지음
항암식품으로, 다이어트식으로, 젊고 탄력적인 피부를 유지할 수 있게 해주는 자연식으로의 생식을 소개하여 현대인들의 건강 길라잡이가 되도록 하였다. 신국판 / 348쪽 / 9,800원

기치유와 기공수련 윤한홍(기치유 연구회 회장) 지음
누구나 노력만 하면 개발할 수 있고 활용할 수 있는 기 수련 방법과 기치유 개발 방법 소개. 신국판 / 340쪽 / 12,000원

만병의 근원 스트레스 원인과 퇴치 김지혁(김지혁한의원 원장) 지음
만병의 근원인 스트레스를 속속들이 파헤치고 예방법까지 속시원하게 제시!! 신국판 / 324쪽 / 9,500원

김종성 박사의 뇌졸중 119 김종성 지음
우리나라 사망원인 1위. 뇌졸중 분야의 최고 권위자인 저자가 일상생활에서의 건강관리부터 환자간호에 이르기까지 뇌졸중의 예방, 치료법 등 모든 것 수록. 신국판 / 356쪽 / 12,000원

탈모 예방과 모발 클리닉 장정훈 · 전재홍 지음
미용적인 측면과 우리가 일상적으로 고민하고 궁금해 하는 털에 관한 내용들을 다양하고 재미있게 예를 들어가면서 흥미롭게 풀어간 것이 이 책의 특징. 신국판 / 252쪽 / 8,000원

구태규의 100% 성공 다이어트 구태규 지음
하이틴 영화배우의 다이어트 체험서. 저자만의 다이어트법을 제시하면서 바람직한 다이어트에 대해서도 알려준다. 건강하게 날씬해지고 싶은 사람들을 위한 필독서! 4×6배판 변형 / 240쪽 / 9,900원

암 예방과 치료법 이춘기 지음
암환자와 가족들을 위해서 암의 치료방법에서부터 합병증의 예방 및 암이 생기기 전에 알 수 있는 방법에 이르기까지 상세하게 해설해 놓은 책. 신국판 / 296쪽 / 11,000원

알기 쉬운 위장병 예방과 치료법 민영일 지음
소화기관인 위와 관련 기관들의 여러 질환을 발병 원인, 증상, 치료법을 중심으로 알기 쉽게 해설해 놓은 건강서. 신국판 / 328쪽 / 9,900원

이온 체내혁명 노보루 야마노이 지음 / 김병관 옮김
새로운 건강관리 이론으로 주목을 받고 있는 음이온을 통해 건강을 돌볼 수 있는 방법 제시. 신국판 / 272쪽 / 9,500원

어혈과 사혈요법 정지천 지음
침과 부항요법 등을 사용하여 모든 질병을 다스릴 수 방법과 우리 주변에서 흔하게 접할 수 있는 각 질병의 상황별 처치를 혈자리 그림과 함께 해설. 신국판 / 308쪽 / 12,000원

약손 경락마사지로 건강미인 만들기 고정환 지음
경락과 민족 고유의 정신 약손을 결합시킨 약손 성형경락 마사지로 수술하지 않고도 자신이 원하는 부위를 고치는 방법을 제시하는 건강 미용서. 4×6배판 변형 / 284쪽 / 15,000원

정유정의 LOVE DIET 정유정 지음
널리 알려진 온갖 다이어트 방법으로 살을 빼려고 노력했던 저자의 고통스러웠던 다이어트 체험담이 실려 있어 지금 살 때문에 고민하는 사람들이 가슴에 와 닿는 나만의 다이어트 계획을 나름대로 세울 수 있을 것이다. 4×6배판 변형 / 196쪽 / 10,500원

머리에서 발끝까지 예뻐지는 부분다이어트 신상만 · 김선민 지음
한약을 먹거나 침을 맞아 살을 빼는 방법, 아로마요법을 이용한 다이어트법, 운동을 이용한 부분만 해소법 등이 실려 있으므로 나에게 맞는 방법을 선택해 날씬하고 예쁜 몸매를 만들 수 있을 것이다. 4×6배판 변형 / 196쪽 / 11,000원

알기 쉬운 심장병 119 박승정 지음
심장병에 관해 심장질환이 생기는 원인, 증상, 치료법을 중심으로 내용을 상세하게 해설해 놓은 건강서. 신국판 / 248쪽 / 9,000원

알기 쉬운 고혈압 119 이정균 지음
생활 속의 고혈압에 관해 일반인들이 관심을 가지고 예방할 수 있도록 고혈압의 원인, 증상, 합병증 등을 상세하게 해설해 놓은 건강서. 신국판 / 304쪽 / 10,000원

여성을 위한 부인과질환의 예방과 치료 차선희 지음
남들에게는 말할 수 없는 증상들로 고민하고 있는 여성들을 위해 부인암, 골다공증, 빈혈 등 부인과질환을 원인 및 치료방법을 중심으로 설명한 여성 건강 정보서. 신국판 / 304쪽 / 10,000원

알기 쉬운 아토피 119 이승규 · 임승엽 · 김문호 · 안유일 지음
감기처럼 흔하지만 암만큼 무서운 아토피 피부염의 원인에서부터 증상, 치료법, 임상사례, 민간요법을 적용한 환자들의 경험담 등 수록. 신국판 / 232쪽 / 9,500원

120세에 도전한다 이권행 지음
아프지 않고 건강하게 오래 살기를 바라는 현대인들에게 우리 체질에 맞는 식생활습관, 심신 활동, 생활습관, 체질별 · 나이별 양생법을 소개. 장수하고픈 독자들의 궁금증을 풀어줄 것이다. 신국판 / 308쪽 / 11,000원

건강과 아름다움을 만드는 요가 정판식 지음
책을 보고서 집에서 혼자서도 할 수 있는 요가법 수록. 각종 질병에 따른 요가 수정체조법도 담겼으며, 별책 부록으로 한눈에 보는 요가 차트 수록. 4×6배판 변형 / 224쪽 / 14,000원

우리 아이 건강하고 아름다운 롱다리 만들기 김성훈 지음
키 작은 우리 아이를 롱다리로 만드는 비법공개. 식사습관과 생활습관만의 변화로도 키를 크게 할 수 있으므로 키 작은 자녀를 둔 부모의 고민을 해결해 준다. 대국전판 / 236쪽 / 10,500원

알기 쉬운 허리디스크 예방과 치료 이종서 지음
전문가들의 의견, 허리병의 치료에서 가장 중요한 운동치료, 허리디스크와 요통에 관해 언론에서 잘못 소개한 기사와 과장 보도된 기사, 대상이 광범위함으로써 생기고 있는 사이비 의술 및 상업적인 의술을 시행하는 상업적인 병원 등을 소개함으로써 허리병을 앓고 있는 사람들에게 정확하고 올바른 지식을 전달하고자 하는 길라잡이서. 대국전판 / 336쪽 / 12,000원

소아과 전문의에게 듣는 알기 쉬운 소아과 119
신영규 · 이강우 · 최성환 지음
새내기 엄마, 아빠를 위해 올바른 육아법을 제시하고 각종 질병에 대한 치료법 및 예방법, 응급처치법을 소개. 4×6배판 변형 / 280쪽 / 14,000원

피가 맑아야 건강하게 오래 살 수 있다 김영찬 지음
현대인이 앓고 있는 고혈압, 당뇨병, 심장병 등은 피가 끈적거리고 혈관이

너덜거려서 생기는 질병이다. 이러한 성인병을 치료하려면 식이요법, 생활습관 개선 등을 통해 피를 맑게 해야 한다. 이 책에서는 피를 맑게 하기 위해 필요한 처방, 생활습관 개선법을 한의학적 관점에서 상세히 설명하고 있다.　신국판 / 256쪽 / 10,000원

웰빙형 피부 미인을 만드는 나만의 셀프 피부건강　양해원 지음
모든 사람들이 관심 있어 하는 피부 관리를 집에서 할 수 있게 해주는 실용서. 집에서 간단하게 만들 수 있는 화장수, 팩 등을 소개하여 손안의 미용서 역할을 하고 있다.　대국전판 / 144쪽 / 10,000원

내 몸을 살리는 생활 속의 웰빙 항암 식품　이승남 지음
암=사형 선고라는 고정 관념을 깨자는 전제 아래 우리 밥상에서 흔히 볼 수 있는 먹거리로 암을 예방하며 치료하는 방법 소개. 암환자와 그 가족들에게 희망을 안겨 줄 것이다.　대국전판 / 248쪽 / 9,800원

마음한글, 느낌한글　박완식 지음
훈민정음의 창제원리를 이용한 한글명상, 한글요가, 한글체조로 지금까지의 요가나 명상과는 차원이 다른 더욱 더 효과적인 수련으로 이제 당신 앞에 새로운 세계가 펼쳐진다.　4×6배판 / 300쪽 / 15,000원

웰빙 동의보감식 발마사지 10분　최미희 지음, 신재용 감수
발이 병나면 몸에도 병이 생긴다. 우리 몸 중에서 가장 천대받으면서도 가장 많은 일을 하는 발을 새롭게 인식하는 추세에 맞추어 발을 가꾸어 건강을 지키는 방법 제시. 각 질병별 발마사지 방법, 부위를 구체적으로 설명하고 있다. 텔레비전을 보면서 하는 15분의 발마사지가 피로를 풀어주고 건강을 지켜줄 것이다.　4×6배판 변형 / 204쪽 / 13,000원

아름다운 몸, 건강한 몸을 위한 목욕 건강 30분　임하성 지음
우리가 흔히 대수롭지 않게 여기고 하는 습관 중에 하나가 목욕일 것이다. 그러나 이제 목욕도 건강과 관련시켜 올바른 방법으로 해야 한다. 웰빙 시대, 웰빙 라이프에 맞는 올바른 목욕법을 피부 관리 및 우리들의 생활 패턴에 맞추어 제시해 본다.　대국전판 / 176쪽 / 9,500원

내가 만드는 한방생주스 60　김영섭 지음
일반적인 과일·야채 주스에 21가지 한약재로 기본 음료를 만들어 맛과 영양을 고루 갖춘 최초의 웰빙 한방 건강음료 만드는 법 60가지 수록!! 각 음료마다 만드는 법과 효능을 실어 우리 가족 건강을 지키는 건강지침서의 역할을 한다.　국판 / 112쪽 / 7,000원

몸을 살리는 건강식품　백은희·조창호·최양진 지음
스트레스에 시달리는 현대인들에게 자연 영양소를 공급해 주는 건강기능식품에 관한 상세한 정보를 담고 있다. 나에게 필요한 영양소는 어떤 것이 있으며, 어떻게 섭취했을 때 가장 큰 효과를 얻을 수 있는 지 등을 조목조목 설명해 놓은 것이 눈에 띈다.　신국판 / 376쪽 / 11,000원

건강도 키우고 성적도 올리는 자녀 건강　김진돈 지음
자녀를 둔 부모라면 가장 먼저 생각하는 것이 자녀의 건강일 것이다. 특히 수험생을 둔 부모라면 그 관심은 말로 단정지을 수 없다. 수험생 자신이나 부모가 알아야 할 평소 건강 관리법, 제일 이겨내기 힘든 계절 여름철 건강 관리법, 조심해야 할 질병들에 대해 예방법, 치료법과 함께 상세하게 소개하고 있다.　신국판 / 304쪽 / 12,000원

알기 쉬운 간질환 119　이관식 지음
간염이 있는 사람이 술잔을 돌릴 경우 간염이 전염될까? 우리는 간이 소중한 존재임을 알면서도 혹사시키는 일이 많다. 간염 전염 및 간경화, 간암 등에 대한 잘못된 지식을 제대로 잡아주고 간과 관련된 병을 예방하는 법, 병에 걸렸을 때 치료하고 관리하는 법 등을 상세히 수록하여 간을 건강하게 지킬 수 있도록 해준다.　신국판 / 264쪽 / 11,000원

교 육

우리 교육의 창조적 백색혁명　원상기 지음 / 신국판 / 206쪽 / 6,000원
현대생활과 체육　조창남 외 5명 공저 / 신국판 / 340쪽 / 10,000원
퍼펙트 MBA　IAE유학네트 지음 / 신국판 / 400쪽 / 12,000원
유학길라잡이Ⅰ-미국편　IAE유학네트 지음 / 4×6배판 / 372쪽 / 13,900원
유학길라잡이Ⅱ-4개국편
IAE유학네트 지음 / 4×6배판 / 348쪽 / 13,900원
조기유학길라잡이.com　IAE유학네트 지음 / 4×6배판 / 428쪽 / 15,000원
현대인의 건강생활　박상호 외 5명 공저 / 4×6배판 / 268쪽 / 15,000원

천재아이로 키우는 두뇌훈련　나카마츠 요시로 지음 / 민병수 옮김
머리가 좋은 아이로 키우기 위한 환경 만들기, 식사, 운동 등 연령별 두뇌 훈련법 소개.　국판 / 288쪽 / 9,500원

두뇌혁명　나카마츠 요시로 지음 / 민병수 옮김
『뇌내혁명』하루야마 시게오의 추천작!! 어른들을 위한 두뇌 개발서로, 풍요로운 인생을 만들기 위한 '뇌'와 '몸' 자극법 제시.
4×6판 양장본 / 288쪽 / 12,000원

테마별 고사성어로 익히는 한자
김영익 지음 / 4×6배판 변형 / 248쪽 / 9,800원

生생 공부비법　이은승 지음
국내 최초 수학과외 수출의 주인공 이은승이 개발한 자기만의 맞춤식 공부 학습법 소개. 공부도 하는 법을 알면 목표를 달성할 수 있다고 용기를 북돋우어 주는 실전 공부 비법서.　대국전판 / 272쪽 / 9,500원

자녀를 성공시키는 습관만들기　배은경 지음
성공하는 자녀를 꿈꾸는 부모들이 알아야 할 자녀 교육법 소개. 부모는 자녀 인생의 주연이 아님을 알아야 하며 부모의 좋은 습관, 건전한 생각이 자녀의 성공 인생을 가져온다는 내용을 담은 부모 및 자녀 모두를 위한 자기 계발서.　대국전판 / 232쪽 / 9,500원

한자능력검정시험 2급　한자능력검정시험연구위원회 편저
국어사전식 단어 배열, 내용을 쉽게 이해할 수 있도록 도와 주는 일러스트, 기출 문제의 완전 분석을 바탕으로 한 예상 문제 수록 등 한자능력검정시험 2급을 준비하는 사람들을 위한 완벽 대비서.　4×6배판 / 472쪽 / 18,000원

한자능력검정시험 6급　한자능력검정시험연구위원회 편저
국어사전식 단어 배열, 6급 한자 300자 따라 쓰기, 생활에서 활용할 수 있는 활용 한자 요점정리, 한자의 이해를 돕기 위한 일러스트와 유래 설명, 기출 문제를 완전 분석한 후 그에 따라 엄선한 예상문제 수록 등 6급 한자 익히기와 시험에 대비하는 모든 사람들을 위한 완벽 대비서.
4×6배판 / 168쪽 / 8,500원

한자능력검정시험 7급　한자능력검정시험연구위원회 편저
국어사전식 단어 배열, 각 한자 배우기에 도움이 되는 일러스트를 곁들이고 한자의 구성 원리를 설명해 놓아 한자 배우기가 재미있고 쉽다. 또한 따라쓰기를 통해 한자 익히기를 완전하게 끝낼 수 있도록 하였으며 활용 예문을 다양하게 예시해 놓았다.　4×6배판 / 152쪽 / 7,000원

한자능력검정시험 8급　한자능력검정시험연구위원회 편저
8급 한자 50자에 대해 각 한자 배우기에 도움이 되는 일러스트를 곁들이고 한자의 구성 원리를 설명해 놓아 한자 배우기가 재미있고 쉽다. 또한 따라쓰기를 통해 기본 한자 익히기를 완전하게 끝낼 수 있도록 하였으며 기본

50개의 한자를 활용한 예문을 다양하게 예시해 놓았다.
4×6배판 / 112쪽 / 6,000원

취미·실용

김진국과 같이 배우는 와인의 세계 김진국 지음
포도주 역사에서 분류, 원료 포도의 종류와 재배, 양조·숙성·저장, 시음법, 어울리는 요리와 와인의 유통과 소비, 와인 시장의 현황과 전망, 와인 판매 요령, 와인의 보관과 재고의 회전, '와인 양조 비밀의 모든 것'을 동영상으로 담은 CD까지, 와인의 모든 것이 담긴 종합학습서.
국배판 변형양장본(올 컬러판) / 208쪽 / 30,000원

경제·경영

CEO가 될 수 있는 성공법칙 101가지
김승룡 편역 / 신국판 / 320쪽 / 9,500원

정보소프트 김승룡 지음 / 신국판 / 324쪽 / 6,000원

기획대사전 다카하시 겐코 지음 / 홍영의 옮김
기획에 관련된 모든 사항을 실례와 도표를 통하여 초보자에서 프로기획맨에 이르기까지 효율적으로 활용할 수 있도록 체계적으로 총망라하였다.
신국판 / 552쪽 / 19,500원

맨손창업·맞춤창업 BEST 74 양혜숙 지음
창업대행 현장 전문가가 추천하는 유망업종을 7가지 주제별로 나누어 수록한 맞춤창업서로 창업예비자들에게 창업의 길을 밝혀줄 발로 뛰면서 만든 실무 지침서!! 신국판 / 416쪽 / 12,000원

무자본, 무점포 창업! FAX 한 대면 성공한다
다카시로 고시 지음 / 홍영의 옮김 / 신국판 / 226쪽 / 7,500원

성공하는 기업의 인간경영 중소기업 노무 연구회 편저 / 홍영의 옮김
무한경쟁시대에서 각 기업들의 다양한 경영 실태 속에서 인사·노무 관리 개선에 있어서 기업의 효율을 높이고 발전을 이룰 수 있는 원칙을 제시.
신국판 / 368쪽 / 11,000원

21세기 IT가 세계를 지배한다 김광희 지음
21세기 화두로 떠오른 IT혁명의 경쟁력에 대해서 전문가의 논리적이고 철저한 해설과 더불어 매장 끝까지 실제 사례를 곁들여 설명.
신국판 / 380쪽 / 12,000원

경제기사로 부자아빠 만들기 김기태·신현태·박근수 공저
날마다 배달되는 경제기사를 꼼꼼히 챙겨보는 사람만이 현대생활에서 부자가 될 수 있다. 언론인의 현장감각과 학자의 전문성을 접목시킨 것이 이 책의 특성! 누구나 이 책을 읽고 경제원리를 체득, 경제예측을 할 수 있게 준비된 생활경제서적. 신국판 / 388쪽 / 12,000원

포스트 PC의 주역 정보가전과 무선인터넷 김광희 지음
포스트 PC의 주역으로 급부상하고 있는 정보가전과 무선인터넷 그리고 이를 구현하기 위한 관련 테크놀러지를 체계적으로 소개.
신국판 / 356쪽 / 12,000원

성공하는 사람들의 마케팅 바이블 채수명 지음
최근의 이론을 보완하여 내놓은 마케팅 관련 실무서. 마케팅의 정보전략, 핵심요소, 컨설팅실무까지 저자의 노하우와 창의적인 이론이 결합된 마케팅서. 신국판 / 328쪽 / 12,000원

느린 비즈니스로 돌아가라 사카모토 게이이치 지음 / 정성호 옮김
미국식 스피드 경영에 익숙해져 현실의 오류를 간과하고 있는 사람들을 위해 어떻게 팔 것인가보다 무엇을 팔 것인가를 설명하는 마케팅 컨설턴트의 대안 제시서! 신국판 / 276쪽 / 9,000원

적은 돈으로 큰돈 벌 수 있는 부동산 재테크 이원재 지음
700만 원으로 부동산 재테크에 뛰어들어 100배 불린 저자가 부동산 재테크를 계획하고 있는 사람들이 반드시 알아두어야 할 내용을 경험담을 담아 해설해 놓은 경제서. 신국판 / 340쪽 / 12,000원

바이오혁명 이주명 지음
21세기 국가간 경쟁부문으로 새로이 떠오르고 있는 바이오혁명에 관한 기초지식을 언론사에 몸담고 있는 현직 기자가 아주 쉽게 해설해 놓은 바이오 가이드서. 바이오 관련 용어 해설 수록. 신국판 / 328쪽 / 12,000원

성공하는 사람들의 자기혁신 경영기술 채수명 지음
자기 계발을 통한 신지식 자기경영마인드를 갖추어야 한다는 전제 아래 그 방법을 자세하게 알려주는 자기계발 지침서. 신국판 / 344쪽 / 12,000원

CFO 교텐 토요오·타하라 오키시 지음 / 민병수 옮김
일반인들에게 생소한 용어인 CFO, 즉 최고 재무책임자의 역할이 지금까지와는 완전히 달라져야 한다. 기업을 이끌어가는 새로운 키잡이로서의 CFO의 역할, 위상 등을 일본의 기업을 중심으로 하여 알아보고 바람직한 방향을 제시한다. 신국판 / 312쪽 / 12,000원

네트워크시대 네트워크마케팅 임동학 지음
학력, 사회적 지위 등에 관계 없이 자신이 노력한 만큼 돈을 벌 수 있는 네트워크마케팅에 관해 알려주는 안내서. 신국판 / 376쪽 / 12,000원

성공리더의 7가지 조건
다이앤 트레이시·윌리엄 모건 지음 / 지창영 옮김
개인과 팀, 조직관계의 개선을 위한 방향제시 및 실천을 위한 안내자 역할을 해주는 책. 현장에서 활용할 수 있는 실용서. 신국판 / 360쪽 / 13,000원

김종결의 성공창업 김종결 지음
누구나 창업을 할 수 있지만 아무나 돈을 버는 것은 아니다는 전제 아래 중견 연기자로서, 음식점 사장님으로 성공한 탤런트 김종결의 성공비결을 통해 창업전략과 성공전략을 제시한다. 신국판 / 340쪽 / 12,000원

최적의 타이밍에 내 집 마련하는 기술 이원재 지음
부동산을 통한 재테크의 첫걸음 '내 집 마련'의 결정판. 체계적이고 한눈에 쏙 들어 오는 '내 집 장만 과정'을 쉽게 풀어놓은 부동산재테크서.
신국판 / 248쪽 / 10,500원

컨설팅 세일즈 Consulting sales 임동학 지음
발로 뛰는 영업이 아니라 머리로 하는 영업이 절실히 요구되는 시대 상황에 맞추어 고객지향의 세일즈, 과제해결 세일즈, 구매자와 공급자 간에 서로 만족하는 세일즈법 제시. 대국전판 / 336쪽 / 13,000원

연봉 10억 만들기 김농주 지음
연봉으로 말해지는 임금을 재테크 하여 부자가 될 수 있는 방법 제시. 고액의 연봉을 받기 위해서 개인이 갖추어야 할 실무적 능력, 태도, 마음가짐, 재테크 수단 등을 각 주제에 따라 구체적으로 제시함으로써 부자를 꿈꾸는 사람들이 그 희망을 이룰 수 있게 해준다. 국판 / 216쪽 / 10,000원

주5일제 근무에 따른 한국형 주말창업 최효진 지음
우리나라 실정에 맞는 주말창업 아이템의 제시 및 창업시 필요한 정보를 얻을 수 있는 곳, 주의해야 할 점, 실전 인터넷 쇼핑몰 창업, 표준사업계획서 등을 수록하여 지금 당장이라도 내 사업을 할 수 있게 해주는 창업 길라잡

이서. 신국판 변형 양장본 / 216쪽 / 10,000원

돈 되는 땅 돈 안되는 땅 김영준 지음
부동산 틈새시장에서 성공하는 투자 노하우를 신행정수도 예정지 및 고속철도 역세권 등 투자 유망지역을 중심으로 완벽하게 수록해 놓은 부동산 재테크서. 신국판 / 300쪽 / 13,000원

돈 버는 회사로 만들 수 있는 109가지
다카하시 도시노리 지음 / 민병수 옮김
회사경영에서 경영자가 꼭 알아야 할 기본 사항 수록. 내용이 항목별로 정리되어 있어 원하는 자료를 바로 찾아 볼 수 있는 것이 최대의 장점. 이 책을 통해서 불필요한 군살을 빼고 강한 근육질을 가진 돈 버는 회사를 만들어 보자. 신국판 / 344쪽 / 13,000원

프로는 디테일에 강하다 김미현 지음
탄탄하게 자리를 잡은 15군데 중소기업의 여성 CEO들이 회사를 운영하면서 겪은 어려움, 기쁨 등을 자서전 형식을 빌어 솔직 담백하게 얘기했다. 예비 창업자들을 위한 조언, 경영 철학, 성공 요인도 담고 있어 창업을 준비하는 사람들에게 도움이 될 것이다. 신국판 / 248쪽 / 9,000원

머니투데이 송복규 기자의 부동산으로 주머니돈 100배 만들기 송복규 지음
재테크 수단으로 새롭게 각광 받고 있는 부동산을 이용한 재산 증식 방법 수록. 부동산 재테크별 특성에 따른 맞춤 투자전략을 제시하고 알아두면 편리한 부동산 상식도 알려준다. 현직 전문 기자의 예리한 분석과 최신 정보가 담겨 있는 부동산재테크 가이드서. 신국판 / 328쪽 / 13,000원

주 식

개미군단 대박맞이 주식투자 홍성걸 지음/ 신국판 / 310쪽 / 9,500원

알고 하자! 돈 되는 주식투자 이길영 외 2명 공저 / 신국판 / 388쪽 / 12,500원

항상 당하기만 하는 개미들의 매도·매수타이밍 999% 적중 노하우
강경무 지음 / 신국판 / 336쪽 / 12,000원

부자 만들기 주식성공클리닉 이창희 지음 / 신국판 / 372쪽 / 11,500원

선물·옵션 이론과 실전매매 이창희 지음 / 신국판 / 372쪽 / 12,000원

너무나 쉬워 재미있는 주가차트 홍성무 지음 / 4×6배판 / 216쪽 / 15,000원

역 학

역리종합 만세력 정도명 편저 / 신국판 / 532쪽 / 10,500원

작명대전 정보국 지음 / 신국판 / 460쪽 / 12,000원

하락이수 해설 이천교 편저 / 신국판 / 620쪽 / 27,000원

현대인의 창조적 관상과 수상 백운산 지음 / 신국판 / 344쪽 / 9,000원

대운용신영부적 정재원 지음 / 신국판 양장본 / 750쪽 / 39,000원

사주비결활용법 이세진 지음 / 신국판 / 392쪽 / 12,000원

컴퓨터세대를 위한 新 성명학대전 박용찬 지음 / 신국판 / 388쪽 / 11,000원

길흉화복 꿈풀이 비법 백운산 지음 / 신국판 / 410쪽 / 12,000원

새천년 작명컨설팅 정재원 지음 / 신국판 / 470쪽 / 13,000원

백운산의 신세대 궁합 백운산 지음 / 신국판 / 304쪽 / 9,500원

동자삼 작명학 남시모 지음 / 신국판 / 496쪽 / 15,000원

구성학의 기초 문길여 지음 / 신국판 / 412쪽 / 12,000원

법률 일반

여성을 위한 성범죄 법률상식 조명원(변호사) 지음 / 신국판 / 248쪽 / 8,000원

아파트 난방비 75% 절감방법 고영근 지음 / 신국판 / 238쪽 / 8,000원

일반인이 꼭 알아야 할 절세전략 173선
최성호(공인회계사) 지음 / 신국판 / 392쪽 / 12,000원

변호사와 함께하는 부동산 경매 최환주(변호사) 지음 / 신국판 / 404쪽 / 13,000원

혼자서 쉽고 빠르게 할 수 있는 소액재판
김재용·김종철 공저 / 신국판 / 312쪽 / 9,500원

"술 한 잔 사겠다"는 말에서 찾아보는 채권·채무
변환철(변호사) 지음 / 신국판 / 408쪽 / 13,000원

알기쉬운 부동산 세무 길라잡이
이건우(세무서 재산계장) 지음 / 신국판 / 400쪽 / 13,000원

알기쉬운 어음, 수표 길라잡이 변환철(변호사) 지음 / 신국판 / 328쪽 / 11,000원

제조물책임법
강동근(변호사)·유중권(검사) 공저 / 신국판 / 368쪽 / 13,000원

알기 쉬운 주5일근무에 따른 임금·연봉제 실무
문강분(공인노무사) 지음 / 4×6배판 변형 / 544쪽 / 35,000원

변호사 없이 당당히 이길 수 있는 형사소송 김대환 지음 / 신국판 / 304쪽 / 13,000원

변호사 없이 당당히 이길 수 있는 민사소송 김대환 지음 / 신국판 / 412쪽 / 14,500원

혼자서 해결할 수 있는 교통사고 Q&A
조명원(변호사) 지음 / 신국판 / 336쪽 / 12,000원

생활법률

부동산 생활법률의 기본지식
대한법률연구회 지음 / 김원중(변호사) 감수 / 신국판 / 480쪽 / 12,000원

고소장·내용증명 생활법률의 기본지식
하태웅(변호사) 지음 / 신국판 / 440쪽 / 12,000원

노동 관련 생활법률의 기본지식
남동희(공인노무사) 지음 / 신국판 / 528쪽 / 14,000원

외국인 근로자 생활법률의 기본지식
남동희(공인노무사) 지음 / 신국판 / 400쪽 / 12,000원

계약작성 생활법률의 기본지식
이상도(변호사) 지음 / 신국판 / 560쪽 / 14,500원

지적재산 생활법률의 기본지식
이상도(변호사)·조의제(변리사) 공저 / 신국판 / 496쪽 / 14,000원

부당노동행위와 부당해고 생활법률의 기본지식
박영수(공인노무사) 지음 / 신국판 / 432쪽 / 14,000원

주택·상가임대차 생활법률의 기본지식

김운용 (변호사) 지음 / 신국판 / 480쪽 / 14,000원

하도급거래 생활법률의 기본지식
김진홍 (변호사) 지음 / 신국판 / 440쪽 / 14,000원

이혼소송과 재산분할 생활법률의 기본지식
박동섭 (변호사) 지음 / 신국판 / 460쪽 / 14,000원

부동산등기 생활법률의 기본지식
정상태 (법무사) 지음 / 신국판 / 456쪽 / 14,000원

기업경영 생활법률의 기본지식
안동섭 (단국대 교수) 지음 / 신국판 / 466쪽 / 14,000원

교통사고 생활법률의 기본지식
박정무 (변호사)·전병찬 공저 / 신국판 / 480쪽 / 14,000원

소송서식 생활법률의 기본지식
김대환 지음 / 신국판 / 480쪽 / 14,000원

호적·가사소송 생활법률의 기본지식
정주수 (법무사) 지음 / 신국판 / 516쪽 / 14,000원

상속과 세금 생활법률의 기본지식
박동섭 (변호사) 지음 / 신국판 / 480쪽 / 14,000원

담보·보증 생활법률의 기본지식
류창호 (법학박사) 지음 / 신국판 / 436쪽 / 14,000원

소비자보호 생활법률의 기본지식
김성천 (법학박사) 지음 / 신국판 / 504쪽 / 15,000원

판결·공정증서 생활법률의 기본지식
정상태 (법무사) 지음 / 신국판 / 312쪽 / 13,000원

명 상

명상으로 얻는 깨달음 달라이 라마 지음 / 지창영 옮김 / 국판 / 320쪽 / 9,000원

어 학

2진법 영어 이상도 지음 / 4×6배판 변형 / 328쪽 / 13,000원

한 방으로 끝내는 영어 고제윤 지음 / 신국판 / 316쪽 / 9,800원

한 방으로 끝내는 영단어
김승엽 지음 / 김수경·카렌다 감수 / 4×6배판 변형 / 236쪽 / 9,800원

해도해도 안 되던 영어회화 하루에 30분씩 90일이면 끝낸다
Carrot Korea 편집부 지음 / 4×6배판 변형 / 260쪽 / 11,000원

바로 활용할 수 있는 기초생활영어 김수경 지음 / 신국판 / 240쪽 / 10,000원

바로 활용할 수 있는 비즈니스영어 김수경 지음 / 신국판 / 252쪽 / 10,000원

생존영어55 홍일록 지음 / 신국판 / 224쪽 / 8,500원

필수 여행영어회화 한현숙 지음 / 4×6판 변형 / 328쪽 / 7,000원

필수 여행일어회화 윤영자 지음 / 4×6판 변형 / 264쪽 / 6,500원

필수 여행중국어회화 이은진 지음 / 4×6판 변형 / 256쪽 / 7,000원

영어로 배우는 중국어 김승엽 지음 / 신국판 / 216쪽 / 9,000원

필수 여행스페인어회화 유연창 지음 / 4×6판 변형 / 288쪽 / 7,000원

바로 활용할 수 있는 홈스테이 영어 김형주 지음 / 신국판 / 184쪽 / 9,000원

처 세

성공적인 삶을 추구하는 여성들에게 우먼파워
조안 커너·모이라 레이너 공저 / 지창영 옮김 / 신국판 / 352쪽 / 8,800원

聽 이익이 되는 말 話 손해가 되는 말
우메시마 미요 지음 / 정성호 옮김 / 신국판 / 304쪽 / 9,000원

성공하는 사람들의 화술테크닉 민영욱 지음 / 신국판 / 320쪽 / 9,500원

부자들의 생활습관 가난한 사람들의 생활습관
다케우치 야스오 지음 / 홍영의 옮김 / 신국판 / 320쪽 / 9,800원

코끼리 귀를 당긴 원숭이-히딩크식 창의력을 배우자
강충인 지음 / 신국판 / 208쪽 / 8,500원

성공하려면 유머와 위트로 무장하라 민영욱 지음 / 신국판 / 292쪽 / 9,500원

등소평의 오뚝이전략 조창남 편저 / 신국판 / 304쪽 / 9,500원

노무현 화술과 화법을 통한 이미지 변화
이현정 지음 / 신국판 / 320쪽 / 10,000원

성공하는 사람들의 토론의 법칙 민영욱 지음 / 신국판 / 280쪽 / 9,500원

사람은 칭찬을 먹고산다 민영욱 지음 / 신국판 / 268쪽 / 9,500원

사과의 기술 김농주 지음 / 신국판 변형 양장본 / 200쪽 / 10,000원

취업 경쟁력을 높여라 김농주 지음 / 신국판 / 280쪽 / 12,000원

레포츠

수열이의 브라질 축구 탐방 삼바 축구, 그들은 강하다 이수열 지음
축구에 대한 관심만으로 각 나라의 축구팀, 특히 브라질 축구팀에 애정을
가지고 브라질 축구팀의 전력 및 각 선수들의 장점을 나름대로 분석하고
연구하여 자신의 의견을 피력하고 있는 축구 길라잡이.
신국판 / 280쪽 / 8,500원

마라톤, 그 아름다운 도전을 향하여
빌 로저스·프리실라 웰치·조 헨더슨 공저 / 오인환 감수 / 지창영 옮김
마라톤에 입문하고자 하는 초보 주자들을 위한 마라톤 가이드서. 올바르게
달리는 법, 음식 조절법, 달리기 전 준비운동, 주자에게 맞는 프로그램 짜
기, 부상 예방법을 상세하게 설명하고 있다. 4×6배판 / 320쪽 / 15,000원

퍼팅 메커닉 이근택 지음
감각에 의존하는 기존 방식의 퍼팅은 이제 그만!!
저자 특유의 과학적 이론을 신체근육 운동학에 접목시켜 몸의 무리를 최소
한으로 덜고 최대한의 정확성과 거리감을 갖게 하는 새로운 퍼팅 메커닉
북. 4×6배판 변형 / 192쪽 / 18,000원

아마골프 가이드 정영호 지음
골프를 처음 시작하는 모든 아마추어 골퍼를 위해 보다 쉽고 빠르게 이해할
수 있도록 내용이 구성된 아마골프 레슨 프로그램서.
4×6배판 변형 / 216쪽 / 12,000원

인라인스케이팅 100%즐기기 임미숙 지음
레저 문화에 새로운 강자로 자리매김하고 있는 인라인 스케이팅을 안전하고 재미있게 즐길 수 있도록 알려주는 인라인 스케이팅 지침서. 각단계별 동작을 한눈에 알아볼 수 있도록 세부 동작별 일러스트 수록.
4×6배판 변형 / 172쪽 / 11,000원

배스낚시 테크닉 이종건 지음
현재 한국배스스쿨에서 강사로 활약하고 있는 아마추어 배스 낚시꾼이 중급 수준의 배스 낚시꾼들이 자신의 실력을 한 단계 업그레이드 시킬 수 있도록 루어의 활용, 응용법 등을 상세하게 해설. 4×6배판 / 440쪽 / 20,000원

나도 디지털 전문가 될 수 있다!!! 이승훈 지음
깜찍한 디자인과 간편하게 휴대할 수 있다는 장점 때문에 새로운 생활필수품으로 자리를 잡아가고 있는 디카·디캠을 짧은 시간 안에 쉽게 배울 수 있도록 해놓은 초보자를 위한 디카·디캠길라잡이서.
4×6배판 / 320쪽 / 19,200원

스키 100% 즐기기 김동환 지음
스키 인구의 확산 추세에 따라 스키의 기초 이론 및 기본 동작부터 상급의 기술까지 단계별 동작을 전문가의 동작사진을 곁들여 내용 구성.
4×6배판 변형 / 184쪽 / 12,000원

태권도 총론 하웅이 지음
우리의 국기 태권도에 관한 실용 이론서. 지도자가 알아야 할 사항, 태권도장 운영이론, 응급처치법 및 태권도 경기규칙 등 필수 내용만 수록.
4×6배판 / 288쪽 / 15,000원

건강하고 아름다운 동양란 기르기 난마을 지음
동양란 재배의 첫걸음부터 전시회 출품까지 동양란의 모든 것 수록. 동양란의 구조·특징·종류·감상법, 꽃대 관리·꽃 피우기·발색 요령 등 건강하고 아름다운 동양란 만들기로 구성. 4×6배판 변형 / 184쪽 / 12,000원

수영 100% 즐기기 김종만 지음
물 적응하기부터 수영용품, 수영과 건강, 응용수영 및 고급 수영기술에 이르기까지 주옥 같은 수중촬영 연속사진으로 자세히 설명해 주는 수영기법 Q&A. 4×6배판 변형 / 248쪽 / 13,000원

애완견114 황양원 엮음
애완견 길들이기, 애완견의 먹거리, 멋진 애완견 만들기, 애완견의 질병 예방과 건강, 애완견의 임신과 출산, 애완견에 대한 기타 관리 등 애완견을 기를 때 반드시 알아야 할 내용 수록. 4×6배판 변형 / 228쪽 / 13,000원

건강을 위한 웰빙 걷기 이강옥 지음
건강 운동으로서 많은 사람들의 관심을 모으고 있는 걷기운동을 상세하게 설명. 걷기시 필요한 장비, 올바른 걷기 자세를 설명하고 고혈압·당뇨병·비만증·골다공증 등 성인병과 관련해 걷기운동을 했을 때 얻을 수 있는 효과를 수록하여 성인병을 예방하고 치료할 수 있도록 하였다.
대국전판 / 280쪽 / 10,000원

우리 땅 우리 문화가 살아 숨쉬는 옛터 이형권 지음
우리나라에서 가장 가보고 싶은 역사의 현장 19곳을 선정. 그 터에 어린 조상의 숨결과 역사적 증언을 만날 수 있는 시간 제공. 맛있는 집, 찾아가는 길, 꼭 가봐야 할 유적지 등 핵심 내용 선별 수록.
대국전판 올컬러 / 208쪽 / 9,500원

아름다운 산사 이형권 지음
우리나라의 대표적인 산사를 찾아 계절 따라 산사가 주는 이미지, 산사가 안고 있는 역사적 의미를 되새겨 본다. 동시에 산사를 찾음으로써 생활에 찌든 현대인들이 삶의 활력을 되찾는 시간을 갖게 한다.
대국전판 올컬러 / 208쪽 / 9,500원

골프 100타 깨기 김준모 지음
읽고 따라 하기만 해도 100타를 깰 수 있는 골프의 전략·전술의 비법 공개. 뛰어난 골프 실력은 올바른 그립과 어드레스에서 비롯됨을 강조한 초보자를 위한 실전 골프 지침서. 4×6배판 변형 / 136쪽 / 10,000원

쉽고 즐겁게! 신나게! 배우는 재즈댄스 최재선 지음
몸치인 사람도 쉽게 따라 하고 배우는 재즈댄스 안내서. 이 책에 실려 있는 기본 동작을 익혀 재즈댄스를 하면 생활 속의 긴장과 스트레스를 털어버리고 활력을 되찾을 수 있으며, 다이어트 효과도 얻을 수 있다.
4×6배판 변형 / 200쪽 / 12,000원

맛과 멋이 있는 낭만의 카페 박성찬 지음
가족끼리, 연인끼리 추억을 만들고 행복한 시간을 보낼 수 있는 서울 근교의 카페를 엄선하여 소개. 카페에 대한 인상 및 기본 정보, 인근 볼거리 등도 함께 수록하여 손안의 인터넷 정보서가 될 수 있게 했다.
대국전판 올컬러 / 168쪽 / 9,900원

한국의 숨어 있는 아름다운 풍경 이종원 지음
우리 나라의 숨어 있는 아름다운 풍경을 찾아 소개하는 여행서. 저자의 여행 감상과 먹거리, 볼거리, 사람 사는 이야기가 담겨 있어 안내서라기보다는 답사기라고 할 수 있는 서정과 사진이 풍부하게 담겨 있다.
대국전판 올컬러 / 208쪽 / 9,900원

사람이 있고 자연이 있는 아름다운 명산 박기성 지음
산을 좋아하는 사람들을 위한 산 안내서. 한번쯤 가보면 좋을 산을 엄선하여 그 산이 갖는 매력을 서정성 짙은 글로 풀어 놓았다. 가는 방법과 둘러보아야 할 곳도 덤으로 설명. 대국전판 올컬러 / 176쪽 / 12,000원

마음의 고향을 찾아가는 여행 포구 김인자 지음
일상 생활에서 벗어나고 싶다면 우리 국토의 진정한 아름다움을 느끼게 해주는 포구로 가보자. 그 곳에서 사람냄새, 자연이 어우러진 역동성에 삶의 의욕을 되찾을 수 있을 것이다. 시인이자 여행가인 김인자 님이 소개하는 가볼 만한 대표적인 포구 20곳 수록. 볼거리, 먹거리와 함께 서정성 넘치는 글로 포구의 낭만, 삶의 현장을 소개. 대국전판 올컬러 / 224쪽 / 14,000원

마음의 고향을 찾아가는 여행 포구

2005년 3월 10일 제1판 1쇄 발행

지은이/김인자
펴낸이/강선희
펴낸곳/가림출판사

등록/1992. 10. 6. 제4-191호
주소/서울시 광진구 구의동 57-71 부원빌딩 4층
대표전화/458-6451 팩스/458-6450
홈페이지 http://www.galim.co.kr
e-mail galim@galim.co.kr

값 14,000원

ⓒ 김인자, 2005

저자와의 협의하에 인지를 생략합니다.
무단 복제·전재를 절대 금합니다.

ISBN 89-7895-192-9 13980

가림출판사·가림M&B·가림Let's의 홈페이지(http://www.galim.co.kr)에 들어오시면 가림출판사·가림M&B·가림Let's의 신간도서 및 출간 예정 도서를 포함한 모든 책들을 만나실 수 있습니다.
온라인 서점을 통하여 직접 도서 구입도 하실 수 있으며 가림 홈페이지 내에서 전국 대형 서점들의 사이트에 링크하시어 종합 신간 안내 및 각종 도서 정보, 책과 관련된 문화 정보를 받아보실 수 있습니다.
또한 홈페이지 방문시 회원으로 가입하시면 신간 안내 자료를 보내드립니다.

✽ 이 책 내용 중 여행포인트(먹거리, 볼거리 등)의 자료는 한국관광공사, 각 지방 국립공원, 관광 안내 센터, 그 외 인터넷에 올라 있는 여행 관련 단체의 홈페이지에서 부분 발췌, 참고하였음을 밝힙니다.